JN122485

マドンナメイト文庫

素人告白スペシャル 熟女の絶頂個人レッスン

素人投稿編集部

第一章

習い事の最中に欲望を抑えきれず

素人投稿スペシャル――熟女の絶頂個人レッスン

小説講座で出会った仲間たちとの論評に劣情が暴走してしまい若い肉棒を貪って

海老沢優子　フリーライター・三十九歳

私は編集の仕事から結婚を機にフリーライターへと転身し、小説家を目指しつつ、四年前に小説講座のカルチャースクールに通いはじめました。

残念ながら、子どもはいません。

スクールで知り合った山下《やました》さんは、専業主婦ながらも姉御肌《あねごはだ》タイプ。私より七つ年上で、こちらも子無しということから気が合いました。

もう一人、二十六歳の男性サラリーマンの小栗《おぐり》くんとも仲よくなり、情報交換や小説の批評をしたりと互いに刺激し合い、いい関係が築けるのではないかと思っていました。

ところがひと月と経たないうちに、山下さんは小栗くんに対して不遜《ふそん》な目を向けるようになり、「絶対に童貞くんだよね。二人で女を教えてあげない?」といやらしいことを言い出すようになったんです。

最初は冗談だと適当に相づちを打っていたのですが、彼女の旦那さんは半年間の単身赴任中で、欲求不満だったのかもしれません。

ある日、山下さんから短編小説を書いて批評をし合わないかと誘われました。

もちろん快諾《かいだく》し、小栗くんとともに彼女の家に赴《おもむ》いたのですが、いきなりお酒が出てきて、おかしいなとは思ったんです。

首を傾《かし》げつつも、私たちはリビングの窓際に移動し、ガラステーブルを挟んでU字形のソファに腰をおろしました。

最初は世間話で盛り上がったのですが、いざ小説を発表する際、山下さんはなんと官能小説を書いていたんです。

しかも設定はいまの状況とまったく同じで、二人の熟女が年下の男を誘惑する話です。

過激な描写の連続に身が熱くなり、小栗くんの顔も真っ赤になっていました。

しかも、ズボンの中心が大きなテントを張っているではありませんか。

「海老沢《えびさわ》さん、どうだった?」

「どうって言われても……」

「小栗くんは?」

「あ、あの……」

「あら、やだ。ひょっとして昂奮した?」

山下さんも、彼の反応に気づいたのでしょう。股間にしなやかな手を伸ばし、大きなふくらみをなで上げたんです。次の瞬間、アルコールが一気に回り、心臓がバクバクと大きな音を立てました。

「あ、あ……」

「女性経験はあるの?」

「い、いや……それは……」

「あるの、ないの? どっちなの?」

「あ……ありません」

彼女は小説のストーリーどおりのセリフを投げかけ、耳元にフッと息を吹きかけました。本来なら止めなければいけないのに、異様な光景に身がこわばり、言葉が口を突いて出てこなかったんです。

山下さんが小栗くんの唇を奪ったときは、どれほど驚いたことか。

「む、む、むうっ！」

彼も目を剝いていましたが、思考が働かないのか、されるがままの状態でした。なまめかしい舌が口の中に差し入れられ、ぴちゃぴちゃと卑猥な水音が洩れ聞こえると、子宮の奥がひりつき、腰がもどかしげにくねりました。

ディープキスをさんざん見せつけられ、胸が騒いだのは否定できません。

小栗くんも同様だったのでしょう。男の分身はますます昂《たかぶ》り、ジーンズの中心はペニスの形がくっきり浮き出ていました。

山下さんの指先がズボンのホックをはずし、ジッパーをおろしたときは、恥ずかしながら期待感から身を乗り出していました。

「あ、そ、そんな……」

「いいから、じっとしてなさい」

小栗くんはこちらをチラッと見たのですが、あわてて視線をそらし、顔をトマトのように赤らめました。

もしかすると、あのときの私も好奇心丸出しの顔をしていたかもしれません。

「ま、待ってください」

「腰を上げて」

「……あっ」

山下さんはズボンとトランクスを無理やりおろし、勃起したオチ〇チンが反動をつけて跳ね上がりました。

パンパンにふくらんだ生白い亀頭、エラの張ったカリ首が露《あらわ》になり、すでに前ぶれの液でヌルヌルになっていました。

胴体には太い血管が無数に浮き上がり、欲情している姿に目が釘づけになってしまったんです。

「海老沢さん、ズボンと靴下、脱がしてあげて」

「え……あ、は、はい」

あのときの私は催眠術にでもかかったとしか思えず、山下さんの言いなりになっていました。

すぐさま彼らのもとに近づき、床に膝をついてズボンと下着、そして靴下を足首から抜き取ったんです。その間、彼女は小栗くんのシャツを頭から脱がせ、あっという間に全裸にさせてしまいました。

「ああ、は、恥ずかしいです」

「だめよ、隠しちゃ。ちゃんと見せて」

小栗くんはあわてて股間を手でおおったものの、無理やり振り払い、らんらんとした眼差しを注ぎました。

「すごいわ！　オチ〇チン、ガチガチ……それに、おっきい。オナニーばかり、してるんでしょ？」

山下さんは、恥ずかしがる彼を見て、心の底から楽しんでいたようです。

言葉で責めるたびにペニスがビクビクとしなり、萎《な》える気配は少しもありませんでした。

彼女の顔がゆっくり沈んでいく光景は、いまでもはっきり覚えています。

まさかと思う一方、長い舌が差し出され、オチ〇チンの先っぽを舐め回したときは、私の性的な好奇心も頂点に達していました。

「あ、あ……だめです……汚いから」

「ふふっ、オチ〇チンは、そうは言ってないみたいよ。ほら、我慢汁、こんなに溢れてる」

「く、くうっ」

じらしのテクニックに、小栗くんは身悶《みもだ》えていました。

私といえば、彼のズボンとパンツを手にしたまま呆然《ぼうぜん》としており、熟女の淫らな行為と勃起したオチ〇チンを目と鼻の先で見つめるばかりでした。

「我慢できる？」

「はあはあ……えっ？」

「ちゃんと我慢できたら、もっと気持ちいいことしてあげる。小栗くんが望むこと、なんでもしてあげてもいいのよ」

生唾を飲み込む音が、私の耳にも届きました。

童貞の若い男性なら、拒絶できなかったのは当然なのかもしれません。

小栗くんがコクコクとうなずくや、山下さんは裏筋に舌をツツッと這わせ、亀頭を真上からがっぽり咥え込みました。

そして、あっという間に根元まで呑み込んだのです。

「あ、あああっ」

顔がゆっくり引き上げられると、唾液がゆるゆると胴体を滴《したた》り落ち、小栗くんが切なげな声をあげました。

「ふふっ、オチ○チン、ビクビクしてる」

山下さんはうれしそうに告げ、本格的なフェラチオで赤い唇をペニスに往復させました。

くちゅっ、くちゅっ、びちゅ、ぐぽっ、ぐちゅるるるっ！

卑猥な水音が響き渡り、激しい奉仕に全身が燃え上がりました。

乳首はブラジャーの下で硬くしこり、大量の愛液で溢れ返ったクロッチがあそこにぴったり張りついたのがわかるほどでした。

しかも彼女は頬をすぼめ、首をらせん状に振りながらペニスを引き絞ったんです。

「あ、あ……そんなことしたら……くはぁ」

小栗くんは両足を一直線に伸ばし、顎を突き上げて咆哮《ほうこう》しました。

射精の兆候を察したのか、山下さんは口からペニスを引き抜き、とたんに鈴口から精液が迸《ほとばし》りました。

「きゃあぁっ!」

高々と跳ね上がった粘液は放物線を描き、私の太腿にまで飛んだのです。

しかも二発、三発、四発と立てつづけに放出され、若い男性の射精の迫力にはただ息を呑むばかりでした。

あたり一面に生ぐさいにおいが立ち込め、鼻をひくつかせるたびに脳の芯がビリビリ震えました。

性感は限界を飛び越え、あのときには理性のかけらはもう残っていなかったのではないかと思います。

私は舌で唇をなぞり上げ、膝立ちの体勢から小栗くんにしがみつきました。

自分でも気づかぬうちに唇を奪い、舌を絡め、唾液をじゅっじゅっとすり上げていたんです。

「あらあら、海老沢さんも我慢できなくなったみたい……それにしても、たくさん出したわね」

山下さんは飛び散った精液を舌ですくい取り、またもやオチ○チンを舐め回していました。

私のほうはキスの最中に欲求が抑えられず、自分の股の間に手を差し入れ、ぐしょ濡れのショーツの上からあそこをいじくっていました。

「ふふっ、また大きくなってきた……やっぱり、若いのね」

彼女はペニスをプルプルと振ったあと、ソファから腰を上げ、衣服を脱ぎ捨てていきました。

まさかとは思ったのですが、私は理性がまったく働かず、もちろん咎《とが》めの言葉など出るはずがありません。

「海老沢さん、ちょっといい？」

指先で小栗くんの乳首をさわった直後、山下さんから声をかけられ、ようやく唇をほどきました。

「小栗くん、ソファにあおむけに寝て」

「はあはあ……は、はい」

言われるがまま寝そべると、熟女は彼の顔を跨《また》ぎ、大股を開いてあそこを舐めさせました。

「うゥン、そう……もっと舌を使って……うまいわ、クリちゃんもつついて」

「むふっ、むふっ！」

射精をしたばかりだというのに、小栗くんの昂奮は鎮《しず》まらなかったようです。

ペニスは勃起を維持したまま、荒々しく息を盛《さか》んに放っていましたから……。

「ああ、いい、いいわぁ、気持ちいい……ふわぁ」

甘ったるい声が耳に届き、頭の中が性欲一色に染まりました。

その場で服と下着を脱ぎ捨てた私は、全裸の状態からソファに這いのぼり、股の間に顔を埋《うず》めてオチ〇チンにむさぼりついたんです。

牡の肉は精液とよだれが付着し、おどろおどろしかったのですが、汚いという気持ちは微塵《みじん》も起きませんでした。

山下さんに負けじとばかりにノド深くまで呑み込み、ぐっぽぐっぽとしゃぶり回しました。

あれほどフェラチオに熱中したのは、初めてのことだったかもしれません。

酸味と苦味が口の中に広がり、生ぐささも鼻を突いたのですが、私は鼻を鳴らしながらオチ〇チンを上下の唇でしごきました。

「む、むうっ！」

小栗くんが低いうめき声をあげるたびに鼠蹊部《そけいぶ》がひくひくして、反応がとてもおもしろいんです。

「ンっ！　ンっ！　ンっ！」

一心不乱に舐めしゃぶっていると、子宮が疼きだし、私はオチ○チンを口から抜き取るや、当然とばかりに小栗くんの腰を跨ぎました。

そして亀頭の先端を割れ目に押し当て、ヒップをゆっくり沈めたんです。

「あ、あ、あ……」

ガチガチのペニスは強烈な圧迫感を与え、カリ首が膣の入り口をなかなか通り抜けませんでした。

「あ、ンふうっ」

意識的に力を抜いた瞬間、エラが膣口を通り抜け、快感の火柱が股間から脳天を貫きました。

あのときはアクメに達するかと思ったほどで、ゴリゴリの胴体が与える強烈な快感は忘れようとしても忘れられません。

「あ、海老沢さん……ずるいわ。抜け駆けして」

山下さんは肩越しに振り返り、非難の言葉を浴びせたのですが、答える余裕などあるはずもなく、ペニスとの一体感にどっぷりひたっていました。

もっと気持ちよくなりたくて、恥も外聞《がいぶん》もなく脚をM字に開き、上下のピストンで快楽をむさぼり味わったんです。

「あンっ、あンっ、あンっ!」

「ぐ、ぐうっ」

「まあ、まじめそうな顔して、M字開脚なんて驚いたわ……こら、舌が休んでるわよ。しっかり舐めなさい……うン、そうよ、はあぁあっ」

熟女は小栗くんの口に恥部を押し当て、大きなヒップをめまぐるしいほど回転させていました。

そのうち、じゅるじゅると愛液を吸い立てる音が聞こえてきて、私の性感も限界を超えてしまったんです。

「ああ、いい! オマ〇コ、もっと舐めて! お汁、吸って!」

山下さんのけたたましい声でかき消されましたが、結合部からも卑猥な音が絶えず洩れ聞こえていました。

愛液の滴りが止まらず、私も無意識のうちに腰をこれでもかと振りたくっていたんです。あまりの気持ちよさに、自分が自分でなくなるような感覚でした。

「あぁンっ！　あぁンっ！」

「はあ、やだ……海老沢さんったら、エッチな声あげて……こっちまで、おかしくなっちゃうわ」

「ぐ、む、むむっ！」

「何？　言いたいことがあるなら、はっきり言いなさい」

小栗くんが腰を揺すると、山下さんはヒップを浮かし、裏返った声が室内に反響しました。

「あっ、イッちゃう、イッちゃいそうです」

「出したばかりでしょ？　我慢しなさい！　まだ、私が残ってるんだから！　イッたら、承知しないからね！」

彼の言葉は耳に届きましたが、腰の動きが止まらず、今度は恥骨を猛烈な勢いで前後に振り立てました。

「ぐ、おぉぉっ」

「あ、イクっ、イッちゃう！」

とたんに快楽の高波が押し寄せ、一瞬にしてエクスタシーに呑み込まれました。

七色の光が頭の中を駆け巡り、自分がどこにいるのかもわからなくなるほどの絶頂感でした。

「あ、ああっ」

「きゃっ！」

意識をなくした私が前のめりになると、小栗くんはバランスを失い、山下さんとともにソファの下に転げ落ちました。

ペニスが膣から抜け落ち、私は小栗くんの真横に寝そべったのですが、記憶がいまひとつはっきりしません。

心地いいアクメに身も心もひたり、ふわふわとした感触に酔いしれていました。

「あぁ、びっくりした……でも、よかったわ。まだ射精してないみたい。今度は私の番だからね」

山下さんはそう言いながら彼の細い腰に逆向きに跨《またが》り、背面騎乗位でペニスを膣の中に招き入れたんです。

まるまるとしたお尻がゆっさゆっさと揺れ、私の位置からは結合部が丸見えの状態でした。

彼女のスライドがまたすごくて、豊満な尻肉が小栗くんの下腹をバチンバチーンとものすごい勢いで叩きつけるんです。

真っ赤に節くれ立ったペニスは大量の愛液をまとい、燃えさしのロウソクのようになっていました。

「ああ、おおっ、おおっ!」

「まだイッちゃだめよ!」

山下さんは金切り声で咎め、今度はヒップをグリングリンと回転させました。

小栗くんの顔は汗まみれで、こめかみの血管が膨れ上がり、必死に射精を我慢しているように見えました。

それでも、ついに我慢の限界に達したのでしょう。大口を開け、泣き顔で訴えました。

「が、我慢できません! イクっ、イッちゃいます!」

「はぁっ、あたしもイクっ、イッちゃいそうよ」

彼女は腰の動きを加速させ、膣に出し入れされるペニスを目にしているだけで、またもや変な気持ちになりました。

「イクっ、イクっ！　イキます！」

「あぁン、イクっ、イクイクっ、イッちゃうぅっ!!」

「ぬ、おおっ」

ヒップがぶるっぶるっと震えた瞬間、山下さんが前のめりに倒れ込み、オチ〇チンが膣から抜け落ちました。

次の瞬間、亀頭の先端から白いしぶきが噴き出し、私は身を起こしてむさぼりついたんです。

「おお、おおっ」

小栗くんが地を這うような声をあげ、身をひくつかせるなか、オチ〇チンをしゃぶり回し、濃厚な精液をノドの奥に流し込みました。

私、これまでお掃除フェラなんてしたことがなかったんです。

夫にさえ拒否していたのに、若い男性相手に夢中になってしまうとは、ほんとうに恥ずかしい行為だったと思います。

フェラをしている最中にまたもやあそこがひりつきだし、オチ〇チンを強引に勃《た》たせたあとは再び挿入し、山下さんとともに何度もエクスタシーを迎えました。

二時間の間に、小栗くんは五回射精したでしょうか。

最後は三人ともヘロヘロの状態で、床に寝転がっていました。

そのあと、二人とは一度も会っていません。

冷静になると、とんでもないことをしてしまったと後悔し、講座を辞めて連絡先もブロックしました。

忘れなければいけないとは思っているのですが、あのときの過激なセックスを思い出すと、いまだに子宮の奥がジンジンしびれてしまうんです。

女性ヨガ講師のそそる体がたまらず特別レッスンで欲望を弄ばれついに……

八木佑真　会社員・三十一歳

私はここ数年、体の不調に悩まされてきました。運動不足で睡眠時間も足りない生活を送ってきたせいか、朝から体が重く頭もスッキリしないのです。

するとある日、私の住むマンションの郵便受けにチラシが入っていました。なんでも近所にヨガ教室がオープンするらしく、その宣伝チラシだったのです。

ふだんの私であれば、目も通さずにゴミ箱に捨ててしまうところでした。しかしチラシには、ヨガは健康によくストレス軽減にも効果があり、初心者でも女性講師がていねいに指導しますと書いてあります。

ヨガに興味などなかったものの、女性講師という部分に目を惹《ひ》かれました。それに実際に効果があるのなら、一度試してみるのも悪くはないと思ったのです。

こうして私はヨガ教室がオープンした日に、さっそく訪ねてみました。

場所は小さなビルの一室で、入り口にはヨガ教室の看板が掲げられています。ドアを開けると対応に出たのは、三十代半ばと思われる女性でした。優しそうな顔立ちをしたなかなかの美人で、すでにヨガウェアに着がえています。

どうやら私が訪ねてきた最初の一人だったようです。彼女がヨガの先生らしく、とても歓迎してくれました。

話を聞くと、先生の年齢は三十六歳で名前はマヤさん。本格的なヨガを学ぶためにインドにも行っていたそうです。

私も動きやすい服装に着がえてから、まずは向かい合ってリラックスする呼吸法を学びました。

言われたようにあぐらをかいて静かに呼吸を繰り返すと、みるみるうちに気持ちが落ち着いてきました。

「どうですか？　頭の中がスッキリしてきたでしょう」

「ええ。なんだか体まで軽くなってきたような感じです」

まだヨガについて半信半疑だった私は、こんなにすぐに効果が出てきたことに驚きました。

それから先生はヨガの基本のポーズを、初心者の私に優しく教えてくれました。教え方もていねいで、もちろん無理強いさせることもありません。

が、私はヨガを学んでいる最中は、どうしても先生の体が気になって集中できませんでした。

というのも、ヨガウェアが薄いタンクトップとレギンスのみで、程よくふくらんだ胸の谷間が見えているのです。

しかも私にヨガの姿勢を教えるために、頻繁にボディタッチまでしてきます。

こうなると意識をするなというのが無理な話でした。

私は必死になって興奮を抑えていましたが、体が勝手に反応していました。

あろうことか先生が見ている前で、股間が勃起していたのです。

私があわてて「あっ、すみません」と謝ると、先生は笑みを浮かべて「いいんですよ」と気にも留めていないようでした。

「健康な体ならそうなってしまうのも自然なことですから。むしろ性欲を取り戻すのもヨガの効果のひとつなんですよ。だから気にしないでくださいね」

そう先生はフォローをしてくれたものの、みっともない姿をさらしたことにはかわりありません。そのため私はずっと恥ずかしい思いをしたままでした。初日のヨガのレッスンを終えると、もう一度行こうかどうかかなり悩みました。先生のセクシーな姿は拝みたいものの、また勃起してしまうのではという心配もあります。しかしせっかく効果も実感できたのだから、一日で終わるのももったいないと思い、再びヨガ教室に顔を出しました。

するとと先生も私が来てくれるか心配だったようで、とても喜んでくれました。

こうして私は暇を見つけては、熱心にヨガ教室に通うようになりました。オープンしたばかりで生徒が少ないこともあり、私と先生のマンツーマンの日も多くありました。

うれしいことに、あんなことがあってからも先生の衣装は変わりませんでした。惜しげもなく胸の谷間を見せてくるだけでなく、ときには乳首の形までくっきり浮き出ていることもあるのです。もちろんそんな日はまったく集中できず、ついチラ見ばかりしてしまいます。

「ふふっ、私の体が気になってしまうのはわかるんですけど、もっとヨガにも集中しましょうね」

と、やんわりと注意をされるのですが、どうも先生はわざと体を見せつけて私の反応を楽しんでいるようなのです。

いくら私がムラムラしても、襲ってくるような人間ではないと安心しているのでしょう。それが私にはうれしくもあり歯がゆくもあるのですが、ともかく先生に対して変な気を起こさないように自制心を保っていました。

ところがある日のことです。ヨガ教室に顔を出すと、またも私と先生の二人きりでした。

いつものようにヨガを始めようとしたところ、先生が私に向かって「今日は特別なレッスンをしてみましょう」と言うのです。

いったい何をするのかと思っていると、まずは瞑想《めいそう》から始まりました。

瞑想は目を閉じたまま静かに呼吸をととのえる時間です。いくら先生が目の前にいても、さすがにこの時間だけはムラムラした気分にはなりません。

すると向かい合って座っているはずの先生が、私の背中に近づいてくる気配がしました。

目を閉じている私は、先生が何をしているのかはわかりませんでしたが、不意に背中から抱きつかれてしまったのです。

「えっ」

「しっかり集中しないといけませんよ。私が何をしても動かないでくださいね」

そう言いながら、グイッと胸のふくらみを押しつけてきました。

それればかりか顔まですぐ近くに迫ってきて、耳に息を吹きかけられてしまったのです。

先生の悪戯《いたずら》だと思った私は、必死に淫らな気持ちを追い払いました。しかしこれほど大胆なスキンシップをされては、興奮しないわけがありません。

耐えきれずに勃起させてしまうと、先生の手はそこにも伸びてきました。

「あ、あの……」

「いいですか、何も考えずに私に身をまかせてください。そうすればすぐに気持ちよくなってきますからね」

まるで催眠術のように先生の声が耳に入ってきます。

私はおとなしく先生の言葉に従うことにしました。まだ頭は混乱していましたが、これもヨガのレッスンだと思うしかありません。

私が深呼吸を繰り返していると、先生の手はゆっくりと股間をまさぐりながら、少しずつ下着の中にまでもぐり込んできました。

じわじわと広がってくる快感につられ、呼吸も乱れて腰が浮き上がってきます。

それでも先生は手を休めることなく、色っぽいささやきを耳に吹きかけてくるのです。

「ここにだいぶ悪い気が溜まっているようですね。もうこんなに硬くなって……ふふっ、とても立派ですよ」

手のひらで包み込まれているペニスは、ふだん以上に興奮してそそり立っていました。先生の体のやわらかさと甘ったるい肌のにおいも重なって、頭の中がクラクラしてきそうです。

このような状態でも理性を保っていられたのは、先生の指導の賜物《たまもの》でしょう。性欲に押し流されないように感情をコントロールすることだけを心がけていました。

ただ、これ以上先生の行為がエスカレートしてしまえば、さすがに我慢の限界を迎えてしまうかもしれません。

そんな私の考えを見透かしたように、とうとう先生は私のペニスを引っぱり出したのです。

「ああ、先生……」

今度はペニスの先に息が吹きかけられるのがわかりました。やわらかくてザラついたものが、くすぐるように亀頭を這い回ります。そして次の瞬間には、生温かいぬめりの中に吸い込まれていたのです。

ここで私は初めて目を開きました。

私が想像していたように、先生は股間に顔を埋めてペニスを咥えていました。その唇の動きや色っぽい表情に、再び興奮が爆発しそうになりました。まるで私に見せつけるように、クイクイと唇を上下させて上目づかいに見上げてくるからです。

もうこれはヨガのレッスンではないと、さすがにわかりました。それでも先生のすることには逆らえず、黙って快感に耐えるだけです。

「まだ我慢してくださいね。いつものように静かに呼吸をととのえて、心を無にしないといけませんよ」

「はい……」

ときおり、先生は言葉を投げかけてきますが、返事をするだけで精いっぱいでした。

先生がペニスを口に含んでいる間は、ずっと舌も唇も動きっぱなしです。我慢するように言いながら、まったく手を休めようとしません。

それでも私は乱れそうになる呼吸を必死にととのえながら、なんとか先生の巧《たく》みなフェラチオに耐えつづけました。

なおも先生の舌が絡みついてきます。ずっと我慢してきましたが、そろそろ限界が近づいていました。

「ああっ、もう出そうです」

とうとう私は耐えきれず、先生の口の中へ射精してしまいました。

ものすごい快感の中で、ドクドクと精液が溢れ出していきます。あろうことか私は射精をしている間、先生の頭を両手で押さえつけていきました。

ようやく快感が収まるころ、私はハッと我に返ってあわてて手を離しました。

「す、すいません」

指導を守れずに射精したばかりか、ずっと頭を押さえつけていたので怒っていても仕方ありません。

しかし先生は少し苦しそうにしながらも、穏やかに笑みを浮かべていました。

「だいぶ溜まっていたみたいですね。あんなにたくさん出るなんて、ちょっとびっくりしました」

どうやら私が口の中に出したものは、すべて飲み込んでいたようです。

そのことにも驚きましたが、射精したばかりのペニスに舌を這わせ、きれいに掃除までしてくれました。

私はこそばゆい刺激を受けながら、まだ夢の中にいるような気分でした。

それもそのはずです。先生からフェラチオをしてもらえるなんて、まったく想像していませんでした。

しかしおかげで溜まっていたものをすべて吐き出し、スッキリしました。

「どうでしたか？　悪い気を出してしまって、気分が晴れましたか」

「はい。ありがとうございます」

先生は何事もなかったかのように、私の腰から顔を上げて目の前に座っていました。

たったいままでフェラチオをしていたことを除けば、まったくいつもと変わらない姿です。それがどこか奇妙で不思議な状況に思えました。

すると先生はおもむろに立ち上がり、私にこう言いました。

「いいですか、私から目をそらさないでください」

何をするのかと思いきや、私の見ている前でヨガウェアを脱ぎはじめたのです。

私はごくりと生唾を飲み込みながら、先生のストリップを見つめていました。

ヨガで鍛えているだけあって、とても見事なスタイルをしています。胸のふくらみは形もよく、乳首もきれいな色をしていました。

そうして上半身裸になってしまった先生は、レギンスも脱いで全裸になってしまいました。

「さあ、しっかり私の体を見てください」

体にはよほど自信があるのでしょう。私の前に立つと、まったく肌を隠さずにありのままの姿を見せつけてきました。

三十代の半ばだとは思えない、腰のくびれとお尻の張りです。体のどこにもたるんだ場所はありません。

肌の白さとは対照的に、股間には立派な繁みが広がっています。意外に毛深いことを初めて知りました。

私がうっとりと見とれていると、先生はさまざまなヨガのポーズをとってくれたのです。

体をくの字に折り曲げて片足を高く上げたり、お尻を突き出して足の間から顔を出したり、ふだんのレッスンでは見慣れたものでした。

しかし全裸だと、まったく印象が違います。なにしろ見えてはいけない部分がすべて見えているのです。

とりわけ開脚姿勢だと、お尻の穴から股間の開き具合まで拝めるのが、とても刺激的でした。

あまりにそそる眺めだったので、私は再び勃起してしまいました。

「あら、また悪い気が溜まってきましたね」

先生もそれを見逃さずにこちらへ視線を向けてきました。ずっとヨガのポーズをとっていたので、ひたいにはうっすらと汗をかいています。

「もう一度出さないとだめなようですね。じゃあ、そこに横になってください」

先生はそう言い、私を床の上に寝かせました。

もう私には期待しかありません。先生が次に何をするのか、一つしか考えられませんでした。

するとやはり先生の体が、私の腰の上に跨ってきたのです。

先生はいやらしい笑みを浮かべながら、根元を支えたペニスに股間を押し当てます。そのままゆっくりと腰を落としてきました。

ぬぷっ、と熱い穴の奥へ吸い込まれると、たちまち快感が広がりました。

「わかりますか？　私とつながっているのが」

「はい……すごく気持ちよくて、たまらないです」

正直に私は答えました。先生の中は締まりもよく、まるでペニス全体に吸いついてくるようでした。

騎乗位でつながった先生は、私の胸板に手を置いて顔を近づけると、静かに語りかけてきます。

「いいですか。これも立派なヨガの修行なんですよ。セックスは体のよい気を高めて、悪い気を追い払ってくれるんです。八木《やぎ》さんはずっと性欲を我慢したままだったので、たくさん悪い気が溜まっていたんですよ」

先生が言うには、私が先生を見てムラムラしても我慢していたせいで、どんどん悪い気が溜まっていたというのです。そこで悪い気を発散させるためにセックスをするのだと、そう教えてくれました。

もっとも、それは先生がセックスをしたくて使っている方便だと、とっくに私は見抜いていました。

なにしろ先生の膣の濡れっぷりと淫らなヒクつきは、私よりも発情しているようにしか見えません。ただ私もあえてそれは指摘せず、教えを受ける立場でいることにしました。

しゃべっている間も、先生は微妙に腰をうねらせていました。

しかし我慢ができなくなったのか、次第に腰の揺れが上下に大きくなってきました。

「あっ、ああっ……はぁっ」

腰を動かしはじめると、先生の口から喘ぎ声が洩れてきます。それにつれ言葉数も少なくなってきました。

下になっている私は、おとなしく先生の体を受け止めつつ、抜き差しされる快感にひたりきっていました。

クイクイとお尻が動くたびに、体重がかかってペニスが強く圧迫されました。その密着感と締まり具合がとても気持ちいいのです。

「んっ、ああっ……もう少し、激しくしてみますからね」

先生はさらに腰を大きく揺らしはじめました。

それまでよりもスピードが速くなり、お尻の上下運動で体がぶつかる音がしました。

「ああっ、ちょっと待ってください」

私がそう言っても、先生は聞き入れてくれません。息づかいを荒くして夢中になって腰を振るだけです。

「まだ出してはだめですからね。しっかり私の体を支えていてください」

フェラチオをしていたときと同じように、私は射精を我慢するしかなくなりました。

とはいえ一度出していたので、あっさりとこらえきれなくなることはありませんでした。

なんとか快感に耐えていると、激しい運動で先生の体から汗が流れはじめました。みるみるうちに肌が濡れて私の体にまで滴り落ちてきました。

汗まみれになりながら腰を振っている姿は、とても淫らで美しいものでした。

そうしているうちに先生の口から、「ああ、イキそう」という声が洩れてきました。

どうやら今度は先に先生のほうがイッてしまうようです。それまではなんとしても私も踏ん張らなくてはなりません。

「あっ、もうダメ……イク、イクッ！」

そう先生は言ったかと思うと、突然私の上で体をガクンガクンとふるわせはじめました。

私もそれにこたえるように下から腰を突き上げてやりました。

深く突き刺さったペニスが強烈に締め上げられます。何度も膣がヒクヒクしたあとに、先生が「ああ……」とつぶやいて崩れ落ちてきました。

どうやら先に先生をイカせることができたようで、私はホッとしました。

しかし私も我慢の限界です。このままだと膣内に射精してしまうので、先生には上からどいてくれるようにお願いをしました。

すると私に跨ってぐったりとしていた先生が、再び激しく腰を動かしてきたのです。

「う……おおっ！」

たまらずに私は再び射精をしました。しかも今度は先生の膣の奥に、たっぷり注いでしまったのです。

私が果ててしまうと、先生はがんばったご褒美とばかりに、優しく抱き締めてくれました。

「もうこれで悪い気はすべて抜けましたね。我慢もほどほどにしないと、すぐに溜まってしまいますから、そのときは遠慮なく言ってくださいね」

私は先生の言葉の意味をすぐに理解できました。つまり性欲が溜まってきたら、遠慮なく自分の体で発散しなさいと言っているのです。

先生に習ったヨガのおかげで、私はすっかり健康を取り戻しました。寝つきもよくなり、体調も以前とは比べものになりません。

そしてヨガで性欲を刺激されるというのもほんとうだったようです。

あれから先生と二人きりになった日は、決まって特別レッスンが行われます。

表向きは私に溜まっている悪い気を発散するためですが、もちろんそれだけではありません。先生の性欲を発散させるのも私の役目になっているのです。

リンパセラピスト養成講座の熟女生徒が訪問講義で股間を濡らし挿入を求めて

室井和夫　リンパセラピスト・五十二歳

私は某ショッピングセンター内にある女性向けの文化教室で、初級のリンパセラピストを養成する講座を受け持っている、五十代独身の男です。

講座の内容は免疫力のアップや疲れの解消を促《うなが》す指圧的な施術《せじゅつ》を行ない、美容と健康といやしを提供するスキルを身につけてもらうというもので、主婦を中心に自由な時間を有効に使いたいと願う女性が多く受講しています。

場所は関東近県とだけ申し上げておきましょう。

一度の講座に参加するのは、五～十人といったところになります。生徒さんにはこちらからのレクチャーのあと、参加者同士で施術をし合う「相互施術」を体験してもらうのですが、ある日の講習後、生徒の一人の坪坂《つぼさか》さんから「相談したいことがあるので、連絡ください」と書かれた手紙をそっと渡されました。

このことが、不徳な私の数日間に及ぶ懊悩《おうのう》の始まりとなったのです。

恥ずかしい話ですが今後の自分へのいましめとして書いておきたいと思います。

坪坂さんは男好きのする顔立ちをした四十二歳の肉感的な主婦で、数いる生徒さんの中でもとりわけ目立つ存在でした。

施術でジェルを使う都合上、講習時には全員キャミソールと短パンに着がえてもらうのですが、ほかの生徒さんたちはおしなべてスポーティな印象になるのに、坪坂さんだけは、妙になまめかしくなるのです。

それは単にグラマラスだからというだけのことではありませんでした。意図的に選んだのであろう微妙なデザインの違いや、ことさらに女性をアピールする物腰がそうさせていたのに違いありませんでした。

こう書くと「よかったじゃないか」「うらやましい」などと言われてしまいそうですが、私のような仕事をしている立場からすると、こういうタイプの女性は非常にやっかいです。

下手な勘違いをさせられた挙句に「セクハラ講師」と訴えられてしまう危険がつきまとっているのはもちろん、えこひいきを許さないほかの生徒さんたちの厳しい目もあります。対応の仕方ひとつですべてを失ってしまいかねないのです。

ですから私は坪坂さんにふれるときは細心の注意を払い、周囲からも本人からも、けっして誤解されないように気をつけていました。

その坪坂さんからのじきじきの相談ということで、私は大いにとまどいました。できることなら個人的な連絡はいっさい不可とさせてもらいたいところです。しかしむげな対応をして機嫌を損ねてしまうのも後々よくないことになる気がし、やむをえず、書かれていた連絡先に電話を入れてみたのです。

その結果、いま現在坪坂さんは股関節に不調を抱えており、それは前回の相互施術が原因だと思われるため、一度きちんと診て施術をしてもらえないかということを言われました。

特に怒っているような口調ではなく、終始笑みを含んだ話し方でしたが、こういう事態を予測していなかった私は狼狽《ろうばい》しました。

言われたことをまじめに捉《とら》えるとするならば、確かに私の責任問題です。

なんらかの対応をするべきでしたし、同時にトラブルの拡大を防ぐ必要性も感じました。つまり自己保身の観点から、ほかの生徒さんたちやショッピングセンターの運営にこのことを知られたくないと思ったのです。

やはりここは仕方がないと判断し、私は坪坂さんと二人きりで会い、施術することを承諾してしまいました。

場所はふだんの教室は使えませんから難題と思われましたが、坪坂さんの希望で彼女の自宅ということとなり、結果として当初最も警戒していた方向へと進んでしまうこととなったのです。

自分さえしっかりしていればいい、そう己に言い聞かせながら、翌々日の午後、私は坪坂さんが住んでいるマンションの一室を訪ねました。

坪坂さんに子どもはなく、また、ご主人は夜まで帰らないとのことでしたが、私は戦々恐々としていました。

マットもジェルもあるから手ぶらでいいと言われており、身ひとつで部屋へ招き入れられた私は、十二畳ほどのリビングへ通されると、充満する独特のにおいにむせ返りそうになりました。

デパートの化粧品売り場にも似たにおいです。まるで女の巣に閉じ込められた気分になりました。

おそらく彼女の趣味なのでしょう、中世ヨーロッパ風の調度品で統一されたインテリアも、いかにも女女していて胃もたれがするようです。

床の中心に青いマットが敷いてあり、そこに立った坪坂さんが、「ここでお願いしますね、センセ」と私の目をじっと見ながら微笑を浮かべて言い、羽織っていたガウンを脱いで近くのソファに投げました。

私はゾッと戦慄《せんりつ》しました。

この日の坪坂さんは、ほぼ下着のような透け感のあるキャミソールに、教室ではいているものよりも遥かに短いホットパンツ姿だったのです。

「ねぇ、センセ、ここ、脚のつけ根のあたりが、痛むの」

絡みつくような甘ったるい口調と、言いながらマットに座って心持ち股を開き、爪先を伸ばしつつ指で太腿のつけ根をなでるその姿に、自分が罠にはめられたことを確信しました。

それにしても……と、坪坂さんの肢体に目が吸い寄せられました。講座に参加している生徒さんのなかには坪坂さんと同年代の主婦も多数いますが、坪坂さんほど肌のきめ細かさと白さを保っている人はいませんでした。よほどていねいなケアをしているのに違いありません。その白さは若い女性のそれとは違い、ヌメっているような妖しい質感をたたえていました。

坪坂さんは、そんな自分の肉体が異性にどんな印象を与えるかを知り尽くしたうえで、最も効果的な着衣を選び、意図的にその魅力をアピールしていたのです。逃げ場のない、二人きりというシチュエーションで……。

こうなるであろうことは想像していたはずでした。ふだんの講座での坪坂さんの態度、さわられたときの反応、目つき、さりげなさを装《よそお》ったボディタッチなどがすべてを物語っていたのです。

ですから私がいまさら「罠にはめられた」などと言うのは、卑怯《ひきょう》なのかもしれません。避けにくい状況があったとはいえ、罠があることをわかっていながら、ノコノコとこの部屋へやってきたというのがほんとうのところなのです。

もう告白してしまいましょう。

つまらない男と言われながらもまじめ一筋に生きてきて、結果として女性との性的な接触をほとんど持ったことがなかった私は、講座での坪坂さんの媚態を見るにつけ、内心ではそれをよろこび、正直に言えば、とうの前からどうしようもない興奮を覚えていたのです。

「さ、センセ……早く……」

と坪坂さんからこわれるままに、私は施術を始めました。

あおむけに寝てもらって露出した素肌に透明なジェルを塗り込めたあと、親指の腹でツボを押し、リンパの流れを促します。

痛むのは股関節ということでしたが、リンパにはつながりがありますから、関係ないと思われる腋の下周辺や、足裏、ふくらはぎなどのツボも入念に押していきます。

当初、私は己が手でふれている部分、そこのみに視線を集中させて、よけいなところを見ないように努めていました。

しかし、ツボを刺激された坪坂さんが小さな吐息を洩らしつつ、脚を折り曲げたり伸ばしたり、胴をよじらせたりするたびに、つい視線があらぬところを探索してしまいました。

腋の下のリンパを刺激するときは、手の一部が乳房のふくらみに少しだけかかり、押されてゆがんだその隆起に目が釘づけとなりました。

総レースのキャミソールから白い肉塊がこぼれ出しそうになり、縁飾りの端から、薄茶色をした乳輪の一部が顔をのぞかせているのが見えたのです。

ドキリと心臓が高鳴り、同時に血液が下半身へ集中していくのがわかりました。

陶酔したように目を閉じている坪坂さんは、分厚くルージュを塗った真っ赤な唇を半開きにして、前歯を少しのぞかせながら、首に筋を浮き上がらせていました。

いつしか肌がじんわりと汗ばみ、毛穴からにじみ出ている女のにおいもますます濃さを増していました。

私は無理やり目を引き剝がすと、反対の腋にも同じような施術を行ないました。その際、冷静さを失わないように気をつけながらも、乳房にかかった指先を意図的に肉へ沈めてしまったのは、我ながらどういうつもりだったのか……。

これじゃ、まるで痴漢じゃないか。

強く恥じ入る気持ちを自覚しつつも、理性はぼうっと霞《かす》んでくるようでした。

せめて手を抜くことだけはすまい、そう強く念じて施術を進め、次に体の位置を大きくずらすと、私は坪坂さんの左足首を手に取りました。

両脚を終えたら次は背中へ……このときは、まだ、そういう心づもりでいたのです。

膝を曲げさせ、足裏のマッサージに取りかかるなり、私の目はホットパンツのすそからのぞける紫色のパンティに吸い寄せられていました。

まるで自分の瞳がカメラのレンズになったようでした。股布からはみ出した数本の陰毛や、わずかなしわが織りなす卑猥な陰影、パンティの繊維の一本一本までが、ズームで見ているかのように迫ってくるのです。

「少し、強く押しますよ」

我ながら白々しいと思いながら伝え、足裏のツボを押しつつ、膝が腹につきそうになるほど脚を曲げさせていきました。

こうなると、半ばめくれ上がったホットパンツは目隠しの役目をほとんど果たさなくなります。パンティの生地の向こうに女性器がなまなましく透けているのを、私は生つばを飲む思いで見つめていました。

なんて卑猥なのをはいてるんだ……。

その生地は極端に薄く、渦巻く陰毛はもちろんのこと、性器各部の形までがはっきりと見てとれるのです。

息づかいが激しくなってくるのをどうすることもできませんでした。

こんな私を見透かしていながら何も言わずにいる坪坂さんが、恐ろしいようでもあり、憎らしくもありました。そして同時にすさまじく魅力的でもありました。

それでも私はまだ自分との闘いを続けていました。少なくとも、そのつもりではあったのです。

両足の裏に続けてふくらはぎ、そして膝裏へと施術を進め、やがて私の手は、みっちりと肉のつまった量感のある太腿をなでていました。

「坪坂さん、痛いのは、このあたりですか?」

ジェルにまみれた手を、ゆっくりとすべらせて股関節の手前まで持っていき、パンティまで一センチのところをじんわりと指圧しました。

「センセ、もっと……もっとつけ根のほうなんです」

目を閉じたままでいる坪坂さんが、半開きにした唇の間から赤い舌をのぞかせて喘ぐようにささやきました。私は肌に丸い窪みをつくっている親指を、ゆっくりパンティにふれるところまで移動させました。

「あ、あっ……」

坪坂さんがピクンピクンと反応しながら腰を浅く浮かせました。それはゾクゾクするような眺めでした。

「ここですね」

念を押しながら左右の脚のつけ根に親指の腹を食い込ませます。そのままグリグリと円を描くように動かしました。

その動きにつれて皮膚が引っぱられ、パンティの内側の肉が一ミリ、二ミリと外側へとハミ出してきました。

私はいつしか前屈みになり、その部分へ顔をくっつけんばかりにしていました。

そうしながらグッと強めに指圧していきます。

「ああっ……センセ……ああっ……」

開いた両脚を踏ん張って腰を揺する坪坂さんが「い、いいっ」と言いながら自らの手でバストをもみしだきはじめました。

秘所から立ちのぼる女のにおいがなおも濃くなり、私は理性が大きくグラつくのを感じました。

わかっていただけるでしょうか。手ざわりや反応のみならず、視覚や嗅覚、聴覚など、五感のすべてが波状攻撃のように絶え間なく私を誘惑してくるのです。

気がついたとき、私の左右の指先は、わずかながらパンティの内側へともぐり込んでいました。ジェルとは異なるヌルつきを感じ、私は股間のものを痛いほど硬くみなぎらせていました。

既婚の生徒に手を出すなど絶対にあってはならない……日ごろから胸に刻んでいる鉄則が、ひどく空虚に思われました。

「センセッ……そこっ、そこをもっと……ああっ」

坪坂さんが私を鼓舞するように高い声で叫び、大きく身をくねらせました。

いつの間にそうしていたのか、すっかり露出した乳房が彼女の手の中でゆがみ、ピンッととがり立った乳首があらぬ方向に飛び出していました。

そのとき、不意に目を開いた坪坂さんと私の視線がぶつかったのです。

私は激しい衝動に突き動かされ、唇を彼女のパンティに押し当てていました。

そのまま夢中で舌を動かし、繊維からにじみ出てくる蜜を舐めたくりました。

「あはぁっ、せ、センセ……す、すごい！」

叫んだ坪坂さんが「……ねぇ、もっと、もっと……」と言いながら、脚を百八十度近くまで開きました。私は目の前でよじれているホットパンツごとパンティを真横へズラし、剝き出しとなった性器に鼻ごと唇を突っ込んでいきました。

溢れる蜜とそのにおいに溺れながら、腕を上に伸ばして乳房をわしづかみにしました。

「あはぁっ、ああぁぁっ」

ビクンと大きく反応した坪坂さんが腰をバウンドさせたため、口が秘所から離れました。しかし私はすぐ追いすがり、クリトリスの突起を舐めたくりながら、片手の指を膣に埋め込んでいきました。

中指の腹を使って膣の天井を指圧すると、坪坂さんが「あ、そこっ」と短く叫び、ビュビュッといきなり潮を吹きました。

私は顔を濡らしながらなおも舌と指を動かしつづけました。

フウフウと鼻で息をし、しみる目を見開いて人妻の性器にかぶりついている私は、はたから見れば鬼のようだったかもしれません。

俗に「キレる」という言葉がありますが、このときの私は、確かに「キレて」いたのです。理性はとうに吹き飛び、頭の中には目の前の肉をむさぼりたいという欲望しかありませんでした。

坪坂さんがそんな私の顔を両太腿で挟み込んだ直後、「イクッ」と叫んで大きく腰を浮かせました。その拍子にまた顔が弾かれると、私は膝立ちになり、震える手で自分の着衣を脱ぎ去りました。

そして坪坂さんの顔の横まで這って移動し、彼女の唇に怒漲《どちょう》の先端を押し込んでいったのです。

「むむぅっ」

厚化粧ながら美貌と言ってよい坪坂さんの顔が、苦悶《くもん》したようにゆがんでいました。しかし口の中の舌は旺盛《おうせい》に動いて、私のモノを溶かし尽そうとするかのようでした。

私は彼女の顔を大きく跨いでシックスナインの体勢になり、飽かずに坪坂さんの性器へ顔を埋めていきました。

ニチュッ、ニチュッと、互いに立てる湿った音が室内に響いて、そこに荒い息づかいが重なりました。

私は全裸でしたが、坪坂さんは着衣が乱れているというだけで、まだ何も脱いではいませんでした。

実を言えば、私はそのような姿の女性にこそ最も興奮を覚えるのです。

ひとしきり舐め合っているうち、いよいよ感極まったのか、坪坂さんが私のモノを咥えていられなくなりました。そして悩ましげに首を振り振り「センセ、センセ……も、もう……」と、挿入を懇願してきたのです。

私は一度立ち上がると、坪坂さんの脚の間に腰を割り込ませ、無言でおおい被さっていきました。

そのまま坪坂さんの唇を奪い、舌を絡め合いながら乳房をもみしだきました。

腋に施術したときのジェルがまだ残っていて、ヌルつく乳房がスライムのように手から逃げていこうとします。

それを何度もつかみ直し、肉食獣が捕えた獲物にトドメを刺すように、乳首に刃を立てて甘噛みしました。

「お、おおんっ！」

坪坂さんが私の髪の毛を滅茶苦茶にかき回し、骨盤をクイクイと傾けました。その動きにより、私の怒漲が導かれるように彼女の奥に埋没しました。

「あっ、あはぁっ……あぁっ、イイッ！」

灼熱の膣が竿全体を包み込んでいます。

本能的に腰を動かしていた私は、耳元で坪坂さんの喘ぎ声を聞きながら、たちまち射精しそうになってしまいました。

ゾクゾクするようなシチュエーションに興奮を極度に高められ、まるで中学生男子のようになっていたのです。

「うう、で……出そうです……」

思わず情けない声を出した瞬間のことでした。

「まだダメッ!」

坪坂さんが鋭く言うなり、下から思いきり私の頬を張ったのです。

「勝手にイッたら許さないから」

ギラギラした目で見つめられ、さらにノドに手をかけられました。

驚いて呆然としていると、坪坂さんが腹筋を使って上体を勢いよく起こしてきました。

そして私をドンと突き倒すようにして、騎乗位の体勢になりました。

いつの間にか自分が主導権を握っているような気になっていましたが、やはりここは彼女の巣……あくまで坪坂さんの用意した罠の中なのです。

「アアッ、イイッ……おっきいのが刺さってる!」

坪坂さんが私の胸に置いた手でこちらの乳首を器用にくすぐってきていました。

「まだよ、まだ……まだイッちゃダメよ、センセ」

私は小さくうなずくことしかできませんでした。

坪坂さんの指示でバックの体位になった際は、ホットパンツが邪魔になったので、パンティごと膝上まで剝きおろしてからあらためて挿入しました。

迫力のある大きなヒップを両手で抱え、肛門を見ながら腰を動かしました。波打つ肉の卑猥さにまた射精欲がぶり返してきましたが、頬に残った痛みとしびれを意識しながら歯を食いしばりました。

「ああ、チ○ポたまんないっ！ 奥に当たって、気持ちいいのぉっ！」

しばしば吐き出される下品な言葉の数々も私を圧倒していました。しかしそれも長もちに一役買ってくれていました。

ヒップを高く突き上げた坪坂さんが「イクイクッ……またイクーッ！」と叫んで胴震いを起こし、そのままつぶれるようにしてマットに長く伸びました。

私のものが膣から抜けると、すぐに身を起こした坪坂さんは、自らの着衣をむしり取るようにして全裸になりました。

私の趣味からすれば残念なことです。が、一糸まとわぬ姿の坪坂さんは、グラマーながら均整のとれた見事なボディラインで、日本人離れしている感さえありました。そして当然のように私を高揚させました。

「センセ……ほら」

下から両手を伸ばして促され、私たちは再び正常位で交わりました。

ジェルではなく互いの汗でヌルつく肌と肌をこすり合わせていると、そのままドロドロに溶けて一つになっていくかのようでした。

「んああっ、キテるキテるっ……くっ、イクッ……あああぁっ！」

激しくわななく坪坂さんをきつく抱き締め、私も昇りつめていきました。

「も、もうダメです……すみません、イキます！　ああっ、で、出る！」

「イッて！　中に全部出してっ……大丈夫だから、オマ〇コにいっぱい注ぎ込んで！」

ほんとうに中に出していいものか、そんなことを考える余裕すらありませんでした。それに私の胴は坪坂さんの両脚でしっかりと抱え込まれており、腰を引こうにも引けなくされていたのです。

「坪坂さん！　あぁ、出します！　うぅ、出る……イクッ、イクッ！」

うごめく膣壁に強く締めつけられながら、私はビュルビュルとすさまじい勢いで射精していました。思えば「中出し」という行為自体、私の人生でこれが初めてのことでした。

事後、「ありがとねー、センセ」と軽い調子で手を振る坪坂さんに見送られながら、私は逃げ出すように彼女のマンションを出ました。

そして翌日からは不安と後悔の日々を送ることになりました。

振り返れば慚愧《ざんき》の念に堪《た》えず、強い自己嫌悪にも陥《おちい》りました。

ただ、どういう理由でか、その後坪坂さんはまったく教室に来なくなり、音沙汰《おとさた》すらもなくなってしまったのです。

そういえば以前、講師仲間の誰かから「こういうところに来る奥様のなかには男目的もいるから気をつけろ」と言われていたのを思い出します。

言われたとおり彼女は男目当てだったのかもしれません。

パソコン教室の個人指導で発情のあまりおねだりしてくる豊満熟女への絶頂指導

小宮一貴　パソコン講師・四十歳

パソコン教室で講師をしています。早いもので勤めはじめて二十年になりますが、これほど長く勤めているとそれなりにいろんなことがあります。

なかでも女性受講者と深い関係になったことは忘れられない思い出です。

その女性、恵子《けいこ》さんは、ずっと専業主婦でやってきて、二人の子どもを育て上げ、下の子の高校卒業を迎えて、第二の人生を始めようとハローワークで私の勤めるパソコン教室を紹介されました。費用は国の助成で賄《まかな》われています。

教室では、基本的な操作方法からワード、エクセルなど、最低限仕事に必要なスキルを身につけてもらうのですが、恵子さんは不器用で、なかなか上達しませんでした。

あるとき、居残りで練習したいという恵子さんに、一時間くらいならと私もつきあうことにしました。

その日はもうほかのクラスもなく、一所懸命な恵子さんを助けてあげたいと思ったのです。

なかなか指づかいに慣れない恵子さんは、つい人差し指だけを使ってしまいがちで、私は何度も注意しなくてはなりませんでした。

「指は五本あるんだから、全部使わなくちゃ。ピアノを弾くような感じで、こう広げて、たたたたん、と……」

私は手を広げて、机の上の恵子さんの腕の上で、キーボードを叩くように指先をリズミカルに走らせました。

「あ……！」

恵子さんが小さく声をあげて腕を引っ込めました。

「あ、すみません」

けっして性的な意味があったわけではなかったのですが、女性の肌に直接ふれるのはほめられたことではありません(恵子さんが着ていたのは七分袖でした)。

それどころか、セクハラとか痴漢行為と糾弾《きゅうだん》されても文句の言えないご時世です。

「あ、大丈夫です。私、くすぐったがりで。それに、誰かに体をさわってもらうのは久しぶりだったものですから」

そう言って、恵子さんはにっこり笑顔を見せました。その頬が心なしか赤く上気していたように思えました。

私たちは気まずく黙り込んでしまいました。そのあと、どちらから誘ったのかはっきりしませんが、気がつくと私たちは無人の教室で抱き合っていたのです。こんなことをしてもいいのだろうか。いまはよくてもあとで運営に報告でもされたら失職だけではすみません。強制性交で起訴でもされようものなら人生を棒に振ることになってしまいます。

躊躇《ちゅうちょ》する気持ちを知ってか知らずか、恵子さんが情熱的に私の唇に吸いつき、舌を差し入れてきました。

唾液が口の中に流れ込んできます。成熟した女性の甘い香りがにおい立ちました。

頭の奥がジンとしびれるような感覚があって、もうどうなってもかまわない、と思いました。

いまから考えるとちょっと軽率な気もしますが、そのときはほんとうにそう思ってしまったのですから仕方ありません。

私はあらためて恵子さんを抱き締め、甘い唇と、きゃしゃで柔らかい女性の肉体の感触を堪能しました。

絡んでくる舌を受け止め、こちらからも絡ませます。お互いの口を唾液が行き来して、混ざり合って泡立ちました。

「ああ、素敵。こんなこと、すごく久しぶり……」

熱い吐息とともに、恵子さんが小さな声でつぶやきました。

「ご主人とは?」

思わず立ち入ったことを聞いてしまいました。恵子さんは目を伏せて微笑み、首を横に振りました。魅力的な表情でした。

「先生は、奥さんとは」

そう言われてみると、私も妻といつしたか思い出せないくらいにはご無沙汰でした。

「同じですね」

私たちは再び唇を重ねました。ずっとこうしていたい。そんなキスでした。

でも、二人とも十分に大人ですから、ティーンエイジャーみたいにいつまでもキスだけで満足できるはずもありません。私は、着衣の上から彼女の体をなでさすりました。

「あん……」

甘い吐息が洩れ、キスをいっそう味わい深いものにします。さっき腕にふれたときもそうでしたが、彼女はほんとうに敏感なのでした。

一方の手を脇から胸へ、もう一方の手を背中から尻へと向かわせます。

乳房は手のひらサイズといったところでしょうか。けっして大きくはないのですが、ちょうどいい感じです。着衣の上からでも乳房の柔らかさが感じられました。

臀部の双丘はもっと柔らかく、指先がどこまでも食い込んでいきそうな錯覚を覚えたほどでした。

直接ふれたい。そう思って、シャツのすそから手を差し入れました。

なめらかな肌を進むと、ブラジャーの布に届きました。カップのすき間から指をもぐり込ませると、かろうじて指先が乳首をかすりました。

「ああ……!」

恵子さんが背筋をのけぞらせて敏感に反応しました。もう我慢できませんでした。もっとちゃんとさわりたいし、それに見たい。そう思いました。

「脱がせてもいいですか?」

わざわざ言葉にするなんて無粋な気もしましたが、聞くべきことは聞いておかなくては。私もそれくらいの冷静さは持っていたようです。

「……ここで?」

恵子さんが視線を周囲にさまよわせます。教室での行為にはさすがに抵抗を感じているようでしたが、そういう言い方をするということは、少なくともここじゃなきゃかまわないという意味でもありました。

あらためてホテルにでも誘えばよかったのかもしれませんが、そういう段取りを踏んでいるうちに冷めてしまうこともありえます。

「大丈夫。誰も来ませんよ」

考えている様子の恵子さんでしたが、少し困ったような表情がかわいくて、私は再び彼女の唇にキスしました。

「あん……」

甘い吐息を味わいながら、ちょっと意地悪な気分になりました。

「それとも、やっぱりここまでにして、やめておきましょうか」

それは恵子さんも望んでいないだろうと思って、わざとそう言ってみました。

「……ええ？」

やはりそうでした。恵子さんはますます困った様子で、上目づかいで私を見ました。

「先生って、意地悪なんですね……」

十歳くらいは年上の恵子さんでしたが、すねたような言い方は少女のようで、ますますかわいく感じられたものです。

「すみません」

思わず謝ってしまいました。恵子さんは微笑んで、それからうなずきました。

「いいですよ。先生の好きにしてください」

勢い込んで、彼女のシャツを脱がせました。ベージュのブラジャーが露になります。私は背中のホックをはずして、それも取り去りました。

「恥ずかしい……」

反射的に腕を交差させて胸を隠そうとする恵子さんでしたが、そんなことはさせません。私は腕をとってどかしました。

やや控えめな乳房が目の前にありました。思ったとおり、いえ、想像したより二割り増しくらいで美しい乳房でした。

手を伸ばし、夢中でもみしだきました。授乳を経験した五十路の乳房は、若い女性のような張りは失われていましたが、柔らかく、どこまでも受け入れてくれるような優しさが感じられました。

「はああ……」

恵子さんの口から快感の深いため息が洩れました。私はもう一度唇にキスしてから、彼女の乳首にむしゃぶりつきました。

「ああ！」

恵子さんの喘ぎを頭上に聞きながら、私は夢中で吸いつきました。口に含んだ乳首を舌先を絡めて転がすように舐めしゃぶります。

ちゅうちゅうと音を立てて吸い立て、同時に手指で乳房をもみました。舌先に力を込めて乳輪をなぞり、また乳首に絡ませます。まずは右、次に左、と交互に愛撫しました。

左右を移動する前に乳首にたっぷりと唾液をなすっておいて、吸いついていないほうの乳首は指先で愛撫します。

人差し指と親指でつまみ、なすった唾液をなじませ、塗り延ばすようにするのです。

唾液が乾きそうになったらまた左右を交代して吸いつき、唾液を補充するように舐めしゃぶりました。

「ああ、ああ。はぁああ。き、気持ち、いいです……」

そんな恵子さんの言葉に気をよくして、私は乳幼児の熱心さで乳首に吸いつき、乳房をもみしだきました。

「ああ、おっぱいだけで、イッちゃいそう……」

そんなことがありうるのかどうかわかりませんが、彼女の敏感さならそういうこともあるかもしれません。でも、それを確かめている場合でもありません。

私は乳首と乳房への愛撫はそのままに、手を下半身に向かわせ、スカートに差し入れました。

「ああ、うれしい……」

恵子さんが軽く脚を開いて私の手を迎え入れます。膝頭から内腿に指を這わせます。

「はう……！」

指先が股間に届きました。そこは下着の上からでもわかるくらいに濡れていました。

「おしっこもらしちゃったみたいになってますよ」

「ああ、そんな。恥ずかしいこと言わないで……。それより、早く、なんとかしてください……」

股布をくぐらせて、下着の中にもぐり込ませました。指先が女陰に直接ふれます。大陰唇の、生肉のような柔らかい感触がありました。ねっとりと粘液が指にまとわりつきました。

「ああ、指、ください。中に入れてほしいの……」

切なげに懇願されては無視できません。人差し指と親指で陰唇を押し広げて、中指で膣口を探りました。

「あ、あ、あ……」

恵子さんが期待に身をふるわせているのがわかりました。腰をくねらせ、股間を突き出して自分から指を呑み込もうとしています。

「私の指づかいがわかりますか?」

私はふと思いついてそう言いました。

「え?」

恵子さんがトロンとした表情で私の顔をのぞき込みます。

「どの指が何をしているか」

「わかりますけど……」

「人差し指だけではできないことも、同時にほかの指を使えばできるんです。パソコンのキーボードをさわるときと同じです」

言いながら、探り当てた膣口に中指を挿入しました。

「はぁうう！」

恵子さんが快感に背筋をのけぞらせました。

中指を深々と差し入れながら、今度は親指でクリトリスを探りました。

包皮をめくって、ボタンを連打するようにクリトリスを愛撫します。さらに、小指を下方に伸ばして肛門をまさぐります。

「ああ、気持ちいい、です。ああ、ああ！」

恵子さんは、しきりに喘ぎながら、腰をくねらせて快感を受け止めていました。

私は、もう一方の手も差し入れて下着を脱がせました。恵子さんを机に座らせ、スカートをまくり上げると、その場に膝をつきました。

目の前に、陰毛に縁どられた女陰がありました。

控えめで、それでいて淫らで、恵子さんらしいアソコでした。

教室の蛍光灯に照らされて愛液まみれのそこは、つやつやと光っていました。

「あ、だめ。は、恥ずかしい。こんなに明るいところで、そんなに見ないでください……！」

脚を閉じようとする恵子さんでしたが、そうはさせません。

私は両脚の間に身を乗り出して閉じられないようにしました。そのまま、股間にむしゃぶりつきます。

「ああ、あん、あん、あん、あん！」

膣口を舌先でなぞり、そのままクリトリスを狙って舐め上げました。

「ああ……！」

ビクンと腰が跳ねました。その拍子に恥骨が鼻面に当たってしまい、目の奥に星が飛びましたが、それくらいでくじけてはいられません。

腕を尻に回し、腰ごと抱え込むようにして押さえ込み、あらためて鼻先を股間に埋めました。

「あ、あん、あん、あひい……！」

びくびくと腰を痙攣させながら恵子さんが喘ぎます。クンニリングスを続けながら、私は再び指を膣内に挿し込みました。

深く挿し込んだ指先が最奥部に届きました。そこから恥骨の裏側をなぞるように引き戻し、また奥へと向かわせて、ピストンします。

「あ、だめ。それ、イイ。スゴイ！　もうだめ。イク、イッちゃいます……！」

そのままイカせるつもりで、私は中指のピストンを激しくしました。同時に吸いついたクリトリスを口に含んで、舌先で転がすように愛撫します。

「ああ、イク、イク、イキますぅ!」

喘ぎ声が急に止みました。ひと息を大きく吸ってそのまま呼吸を止めてしまったようでした。

背筋が大きくのけぞり、そのまま固まりました。同時に両脚も八の字にピンと伸ばされます。腰だけが、ビクンビクンと断続的に痙攣していました。

自慢できるほどの数の女性を知っているわけではありませんが、ここまで激しい絶頂は初めて見ました。

やがて恵子さんは、限界まで水にもぐっていて水面に飛び出したみたいに、大きく息を吸い込みました。

そのままがっくりと机の上にあおむけに倒れ込むように寝転びました。

机が傾いて、私はあわてて恵子さんが転げ落ちないように机を支えなくてはなりませんでした。

「先生の指、スゴイですね……」

しばらくしてやっと呼吸のととのった恵子さんが言いました。

「だてにパソコン教室の講師はやっていませんよ」

もちろん冗談です。私は両手の指を広げて、恵子さんの乳房の上で、キーボードを叩くようにリズミカルに指先を走らせました。私たちは顔を見合わせて笑いました。

そのあと、私はイスに座って、足元に跪《ひざまず》いた恵子さんにフェラチオしてもらいました。

「私ばっかりイカされちゃって悪いから」

恵子さんはそう言って、熱心にペニスを舐めしゃぶり、しごき立てました。

乳房もお尻も柔らかい彼女でしたが、口の中までとても柔らかかったのを覚えています。ペニスを包み込むような優しいフェラチオでした。

「指もスゴかったけど、先生のこれも素敵。私、もう我慢できないです。入れてもいいですか？」

もちろん望むところでした。

恵子さんはイスに座る私の膝に乗るようにして、逆手に握ったペニスを、膣口に迎え入れました。

「はぁあん……」

ずぶずぶと陰茎が膣口に咥え込まれ、呑み込まれていきます。柔らかい膣内の肉が陰茎にまとわりついて締め上げます。

思わずため息の出るような気持ちよさでした。

「ああ、先生！　いい。気持ちいいです……」

恵子さんは、私の肩に両手をついて、膝の上で腰をくねらせ、尻を浮かせてピストンを始めました。

私も負けじと目の前で揺れる乳房にむしゃぶりつきながら、手を接合部の前から差し入れて、クリトリスを愛撫しました。

もう一方の手は尻に回して彼女の体を支えつつ、肛門を指先で愛撫します。

「ああ、また、先生の指が、指が、悪戯してる……！」

ピストンは次第に激しさを増しました。

「ああ、またイッちゃいそう。さっきイッたばかりなのに。またイク。ああ、もうだめ。すぐイキそう！　ねえ、先生もイッて？　いっしょにイッて？　中で出してもいいから。もう、アガッてますから。大丈夫ですから……！」

言われるまでもなく、我慢の限界だった私は、そのまま射精しました。

「ああ、出てる。先生の出てる。出てるのわかる。熱いの。中が熱いの！」

恵子さんの体がまた弓なりにのけぞり、絶頂に達したようでした。

その後、それなりにパソコン操作スキルを身につけた恵子さんは、教室を卒業し、事務職で就職できたようでした。いまごろどうしているだろうとたまになつかしく思い出す私です。

第二章

興奮のあまり授業を忘れてしまい

誰もいない格闘技ジムで寝技の個人指導 長くて太い欲棒をフェラチオ固めで……

石川真梨子　主婦・三十三歳

私は結婚五年目になる主婦です。夫はわりと高収入なので、特にパートに出たりせずに専業主婦として生活しています。子どもはまだいません。

夫は高収入とひきかえに仕事が激務で、毎日ストレスが多い生活を送っているためか、ＥＤ気味で夜の夫婦生活はもうほとんどないんです。だから、子どもを授《さず》かるのはいつになることか……。

子なし主婦の私は毎日、暇を持てあましていました。お菓子を食べながら一日じゅうテレビを観ている毎日です。そんな暮らしをしていると体重がどんどん増えてきました。

自分で鏡を見ても、もうムチムチすぎてやばいって感じです。そのためスポーツジムに通おうかと思って体験入会をしてみたのですが、マシーンを使ったりして一人で黙々と運動するのはつまらなくて、絶対長続きしないと思いました。どうせ運動をするなら誰かといっしょに運動したいじゃないですか。できれば格好いいマッチョな男性と……。

そう思って探していると、家の近所に格闘技ジムがあるのを知りました。格闘技はしたことはもちろん、テレビで観たこともほとんどありませんでした。だけど、筋肉隆々の男性が多いイメージがあったので、物は試しだと思って見学に行ってみたんです。

そしたらイメージしていたとおりのマッチョな男性がいっぱいいるんです。で、システムを詳しく教えてもらったら、プロコースと一般コース、ダイエットコースというふうにわかれているということでした。

プロコースは通称「プロ練」といって、プロの格闘家を目指す人たちのためのコースで、練習はかなりハードな感じです。みんな真剣で、怖くて見ていられないぐらいなんです。

でも、そんな激しいのは一部で、サラリーマンの運動不足解消のための一般コースはけっこうぬるい感じで、みんな和気藹々《わきあいあい》って感じなんです。

女性を対象にしたダイエットコースはもっとぬるいので、それならやれそうだなと思いました。

練習メニューの、サンドバッグを殴ったり、ジムのインストラクターを相手にミット打ちをするのはストレス解消にうってつけです。誰かを相手にする運動は、自分の限界を超えてできそうで、ダイエット効果もありそうです。

それに……ジムの代表の織田猛《おだたけし》さんという人が、すごく格好いいんです。

織田先生は四十二歳で、もう引退していますが、昔はプロの総合格闘家として活躍していたそうです。引退したいまでもすごい筋肉で、全身からオーラのように雄の魅力が溢れ出ていて、私はすっかりメロメロになってしまいました。

格闘技自体、自分に向いていたのか、練習は楽しくて、みるみる贅肉が落ちて、体が締まっていくのを感じました。それにジムに行けば織田先生がいると思うと、毎日でも通いたくなってしまうんです。

打撃もじょうずですが、もともと柔術の選手だったらしく、寝技がすごくじょうずなんです。練習の様子を見ていると、流れるように関節技が極《き》まって格好いいんです。

できれば先生に寝技を教えてほしいと思うのですが、以前に女性会員が寝技の指導中に「オッパイをさわられた！」と大騒ぎしたことがあり、それ以降はセクハラ問題を怖れて、女性会員と実際に寝技をするのは女性インストラクターか女性会員だけと決まっているんです。

ほんとによけいなことを……と会ったこともないその女性会員に腹を立ててしまいました。

いつかは織田先生と寝技がしたいなあと思いながら三カ月ほど通いつづけたある日、夕飯の買い物に行く途中にジムの前を通ると、その日はジムの営業は休みのはずなのに明かりがついているんです。

「こんにちは」と声をかけてジムの中をのぞいてみると、リングの中央で織田先生が腕立て伏せをしていました。ほかには誰もいません。

「休みなのに、一人で練習してるんですか？」

「実は知り合いのプロ格闘家が個人練習に来るはずだったんだけど、ケガをしたとかで急にキャンセルになっちゃったんだよ。で、連絡をもらったときにはもうジムに着いちゃってたんで、もったいないから一人でトレーニングをしてたんだ」

「それなら私に寝技の個人レッスンしてもらえませんか？　お願いします！」

こんなチャンスは二度とありませんから、私は思いきって頼んでみました。すると先生は少し考えてから、爽やかな笑みを浮かべながら言ってくれました。

「石川《いしかわ》さんはまじめに通ってきてくれてるからね。そろそろ一回ぐらい指導するのもいいかもね。でも、寝技は体にさわることになるけど、セクハラとか言うのはなしだよ。ぼくは純粋に格闘技の指導をするだけだから」

「もちろんです。そういうことを言う人って、逆に自分が不純なことを考えてるから、セクハラされたって感じるんですよ。私はそんなタイプじゃありません！」

私が力説すると、先生も安心したようです。

「じゃあ、着がえてきて。スカートじゃさすがに無理だから」

私は夕飯の買い物に行くつもりだったのでスカートにブラウスという姿で、もちろんウエアは持っていません。そのことを伝えると、事務スペースからTシャツとレギンスを持ってきてくれました。

「これ、会費未納のまま来なくなった人がロッカーに置きっ放しにしてたものなんだけど、さすがにもうとりにこないだろうから、これ着ちゃってよ」

礼を言って受け取り、更衣室で身につけてみましたが、私が太り気味のせいか、サイズが小さくてピチピチなんです。ボディラインがはっきり出て、胸とお尻の大きさが強調されてるんです。

だけどほかにウエアはありませんし、この機会を逃がしたくなくて、私はそのまま更衣室を出ました。

「お待たせしました」

私を見た織田先生はあわてて視線をそらし、早口で言いました。

「う……うん……じゃあ、始めようか。まずは準備運動をしたほうがいいね。急に激しく動いたらケガをしちゃうからな」

やっぱりサイズが小さすぎて、かなりエロい感じになってるみたいです。

恥ずかしさが込み上げてきましたが、自分からお願いしておいて、いまさらやめるわけにはいきません。リングに上がり、向かい合うようにして準備運動を始めました。

膝の屈伸などをすると、胸がゆさゆさ揺れてしまいます。そこに織田先生がチラチラと視線を向けてくるんです。

さらにはリングに座り込んで股割《またわり》のように大きく脚を開き、体を前に倒したり横に倒したりしていると、「えっ……」と先生の口から驚いたような声がこぼれ出ました。

ふと顔を上げると、先生の視線は私の股間に向けられているんです。何事かと自分の股間を見たら、レギンスが股間に食い込み、アソコの形がはっきりとわかるんです。

もう一度先生のほうを見ると、ハーフパンツの股間が大きくテントを張っていました。私の食い込みを見て興奮してしまっているようでした。

微妙な空気がただようなか、準備運動を終えて寝技の練習です。

「まず、どういう技があるか知らないと思うんで、一通りかけてみるね。もちろん軽くだけど、もしも痛かったら言ってね」

「はい、わかりました」

「じゃあ、いちおう、膝をついて向かい合った状態から始めようか」

言われるまま、膝立ちになって向かい合いました。

そして先生の両手がこちらにすーっと伸びてきて体にふれたと思ったときには、私はもうマットの上にあおむけに倒されていました。

その上に先生の体がおおい被さるように乗っているんです。

「まずは腕から」

そう言ったときには、もう腕の関節を極められていました。

「あっ……」

思わず声を出して先生の体をパンパンと叩きました。

「痛かったかな？」

「いえ、大丈夫です。でも、タップの仕方っていまのでいいんですよね？」

「そうだね。関節が極まったらいまのように、すぐにタップしてね」

そう会話する間も先生の体が私の上に乗ってて、オッパイがむにゅむにゅと押しつぶされてるんです。

「じゃあ、続けるよ」

そう言ったとたん、織田先生の体が私の体の上を移動し、今度は反対側の腕を極められていました。

「あっ……」

パンパン！　とタップ。すぐにまた違う技で腕を極められてパンパン！

そうやって左右の腕を数回極められたあとは、今度は足首、膝、と極められ、なんだかよくわからない股裂きのような技をかけられました。

「あああん！　それ、痛いよりも恥ずかしいです！」

私は大股開きのままマットをパンパン叩きました。

「だいぶ体が温まってきたんじゃない？　汗をかいてるよ」

言われて自分の股間を見ると、レギンスの色が変わってるんです。それはもちろんアソコから溢れ出ている愛液のせいです。

「いやっ……恥ずかしい！　見ないでください！」

私が思わず大きな声を出すと、セクハラ騒動のことを思い出したのか、先生はさっと体を離してしまいました。

「ごめん。そんなつもりじゃなかったんだ。寝技の練習はこれぐらいにしておこうか」

「ダメです！」

とっさに私はそう言って先生に襲いかかっていました。レギンスの色が変わってしまうほど濡れているのです。このままやめるなんてできません。

「今度は私が技をかける番です」

もちろん寝技なんてまったく知りません。先生の上になって見よう見まねで関節を極めようとするものの、まったく極まりません。

でも、私にはもっと得意な技があるんです。

おおい被さる私のお腹のあたりには、硬い感触が当たっています。それは先生のペニス……しかも勃起しているペニスです。

私は体を上にずらして、柔道でいう横四方固めのような体勢になって先生の股間をハーフパンツの上からぎゅっとつかみました。

「はうっ……」

それまで私がいくら必死に関節技を極めようとしてもまったく平気な顔をしていた織田先生が、苦しげな声を出しました。

それがうれしくて、私はペニスを握る手に、ギュッギュッと力を込めたんです。

「だ……ダメだよ、石川さん！　そ……それは反則だよ」

「ハンデですよ。柔術茶帯の織田先生を相手にするんだから、少しぐらいの反則は大目に見てくださいよ。それに私、こっちの寝技にはけっこう自信があるんです」

夫と結婚する前はかなり遊んでいたほうです。先生もモテるとは思いますが、おそらくセックスの経験なら私のほうがあるはずです。

「ダメだって。そ……それ、や、やめて……」

先生はブリッジを使って、ごろんと横に回転し、私の上になりました。その辺の動きはさすがです。

そしてそのまま体を離そうとしましたが、私も負けていません。すばやくハーフパンツのウエスト部分からその中に手を入れて、今度は直接ペニスをつかんでやったんです。

「はっううう……」

先生の動きが止まり、眉間にしわを寄せて苦しげにうめきました。

その顔に息がかかるほど自分の顔を近づけて、私はペニスを握った手を上下に動かしながらささやきました。

「私の手コキから逃げられた男はいないんですよ。どうですか？」

「うう……気持ちいいよ……あぅぅぅ……」

逃げようという気持ちがなえてきたらしく、先生はうっとりした口調で言いました。

その唇に私は自分の唇を押しつけ、さらには口の中に舌を入れてディープキスをしてあげました。

ぴちゃぴちゃと唾液が鳴り、先生の鼻息が荒くなっていきます。

それと同時に、握り締めたペニスの硬さがさらに増し、太さもすごいことになっていくんです。

「……なんか、すごく大きくないですか？　ちょっと見せてくださいよ」

またごろんと横に転がり、私は上になりました。

そして私がハーフパンツのウエスト部分に手をかけると「そ、それはダメだよ」と言いながらも、先生は特に抵抗しようとはしません。

それどころか、言葉とは裏腹にお尻を少し浮かせて、脱がすのに協力してくれるんです。

ハーフパンツとブリーフを一気に膝のあたりまで引っぱりおろすと、勢いよくペニスが飛び出し、下腹にぺたんと倒れ込みました。それは裏筋が伸びきり、力がみなぎりすぎてピクピク震えているんです。

「す……すごいわ……あああん、オチ〇チン、すごい!」

私は溜め息をついてしまいました。

それぐらい先生のペニスは太くて長くて……。

それに硬さが見ただけでわかるっていうか、力を入れた腕のように太い血管が浮き出ていて、ほれぼれしてしまうんです。

私は迷わずそれに食らいついていました。

だけど、かなりの太さなので、お口を完全にふさがれてしまって、苦しくてむせ返りそうになるのですが、私はかまわずしゃぶりつづけました。

「うっ……ううう……それ……気持ちいいよ」

フェラをしていると、お口の中でペニスがピクンピクンと動き、先生が苦しげな声で言いました。

「石川さん、お……俺も……」

「え？　なんですか？」

だいたいの想像はつきましたが、私はじらすようにたずねました。すると先生はもうふだんのクールな様子をかなぐり捨てて言うんです。

「俺も舐めたい。だからレギンスとパンティを脱いで俺の顔を跨いでくれ」

「はあぁぁん……舐めたいんですね？　ああん、ゾクゾクしちゃう」

それは私も望んでいたことなので、私はいったん立ち上がってレギンスとパンティを脱ぐと、先生の顔を跨ぎました。

「おおお……そのまま……そのままゆっくりしゃがんでくれ」

そう言うと、先生は舌を長く伸ばして、それをれろれろと動かすんです。

「ああん、いや……それ、いやらしすぎます。はあぁぁん……」

そう言いながらも、私はまるで催眠術にでもかかったように、ゆっくりと腰をおろしていってしまうんです。

「ああ、石川さんのオマ〇コが近づいてくる。舐めたい……舐めたいよ」

そう言って、またれろれろと舌を動かします。

さらに腰をおろすと、それまで張りついていたびらびらがぴちゅっという音とともに剝がれ、花が咲くようにゆっくりと開いていくのがわかりました。

そして、その中心を織田先生の舌がぬるんと通り過ぎたんです。

その瞬間、強烈な快感が陰部から脳天へと駆け抜け、私は体に力が入らなくなって先生の顔の上に座り込んでしまいました。

「うっ……ぐぐ……ぐぐう……」

苦しげなうめき声を洩らしながら、先生は私の陰部を舐め回すんです。

その気持ちよさをぶつけるように、私はまたペニスを口に咥えて激しく舐めしゃぶりました。あとはもうどちらが先に音《ね》をあげるかの真剣勝負です。

私はペニスの根元を指でしごきながら、カリクビより先を重点的に舐めしゃぶりました。すぐに口の中にうっすらと精液の味がしはじめました。おそらく我慢汁が出ているんだと思います。

でも先生も私の割れ目の間をべろべろと舐め回し、さらには膣の中に舌を入れたり、お尻の穴を指先でくすぐったりするんです。

「あっ……そ……そこはダメです……はっぐぐ……」

ときおりそんなことを言いながらさらにペニスをしゃぶりつづけました。そしたら、先生はそれまでわざと避けていたクリトリスへの舌愛撫を移動させてきました。

ほんとうは最初からそこを舐めてもらいたかったのに、全然舐めてくれないから、もうじれったさがハンパないぐらいになっていました。だから、そこをぬるんと舐められた瞬間、私はペニスを口から出して、大声で喘いじゃったんです。

「あっはあああん……いい〜。そ、そこ……もっと舐めてください〜」

「わざわざ自分の弱点を口にするなんて、勝負師失格だな。でもいい。せっかくだから舐めてあげるよ」

先生はクリトリスを転がすように舐め回し、チュパチュパと音を立てて吸い、前歯で甘嚙みするんです。もう勝ちとか負けとかどうでもよくなりました。というか、気持ちよくなった者勝ちです。

「ああん、もう……もうダメ。あああん、い……イク！　はっはあああん！」

私はペニスを握り締めて、織田先生の上で体をのけぞらせました。そして、すぐにぐったりと全身の力が抜けてしまったんです。

「なんだ、イッちゃったのか？　俺のＫＯ勝ちだな」

私の下から抜け出ると、先生は満足げに言いました。その股間には唾液まみれのペニスがそそり立ち、真っ赤になっているんです。

「なに言ってるんですか？　私は『ギブアップ』してませんよ。織田先生が勝手にやめちゃったんじゃないですか」

「へ～。石川さんって、けっこう負けず嫌いなんだね。だけど負けは負けと認めないと――おおっ……す……すげえ……」

先生の言葉は、途中で驚きの声に変わりました。それは私が両膝を抱えて陰部を先生に向けて突き出し、アソコに力を込めたり抜いたりして誘うようにヒクヒク動かしてみせたからです。

クンニでイッたばかりのアソコはもうどろどろにとろけていて、そんな卑猥な動きまで見せられたら、もう先生は普通の状態ではいられないようでした。

「わかったよ。試合続行だ」

そう言うと先生はＴシャツを脱ぎ捨てて、汗まみれになった肉体を露にしました。筋肉隆々の上半身は、巨大なペニスのようないやらしさです。

「あああん、早くぅ〜」

私はじれったくなって、言葉でも催促してしまうのでした。

「よし、入れてあげるよ。俺も入れたくてたまらないからな」

先生はそり返るペニスを右手でつかみ、私の陰部にその先端を押しつけてきました。すると巨大なペニスがぬるりと奥まで入ってきました。

「あっはあああん！」

膣奥を突き上げられて、私はもう両膝を抱えていることもできずに、ブリッジをするように体をのけぞらせました。

「ううっ……すごい締まりのよさだ。ううう……石川さんはオマ〇コの筋力はかなりのものだね。さあ、もっと強く締めつけてくれ」

そう言いながら先生は腰を前後に動かしはじめました。

「ああ……いい……はあああん……いい……」

「ほら、Tシャツなんか邪魔だ。脱いじゃえ」

腰を前後に動かしながら織田先生は私のTシャツとブラジャーを脱がすんです。剝き出しになった乳房がゆさりゆさりと揺れます。そこに赤ん坊のように食らいつきながら、さらにペニスを激しく抜き差ししつづけました。

「ああっ……はああんっ……あっはああん……」

私は必死にアソコをキュッ、キュッと締めつけました。

「あ、ダメだ。気持ちよすぎる」

とっさに先生はペニスを引き抜こうとしました。だけど私は逃がしません。下から先生にしがみつき、そのままブリッジをするようにして、ごろんと横に転がってマウントをとったんです。

「あっ……いつの間にそんな技術を……ううう……」

「織田先生の教え方がじょうずだからですよ。さあ、覚悟してくださいね」

驚いている先生を見おろして、私は騎乗位で腰を振りはじめました。

「だ、ダメだ。そんなに動いたら出ちまう。ああっ、やめてくれ」

苦しげに言う先生はすごくかわいいんです。だから私はさらに激しく腰を前後左右斜めと、まるでフラダンスでも踊《おど》っているかのように動かしつづけました。

その動きが先生に快感を与えるということは、巨大なペニスが膣の中をむちゃくちゃにかき回すことになり、私にもまたエクスタシーの波が襲いかかってきました。

「あ、ダメ、イキそうです。あああっ……」

「お……俺ももう……ううっ……あああ！　ダメだ、出る、出る、出る～！」

膣の中でビクン！　とペニスが暴れ、熱いものが奥のほうに迸るのがわかりました。その瞬間、私も絶頂に昇りつめてしまったんです。

「あああ、イク～！　あっはあああん！」

私はぐったりと先生の上に倒れ込みました。それを下から抱き締めて、先生は耳元でささやくんです。

「最高だったよ。俺は寝技にはかなり自信があったんだけど、石川さんからまだまだ学ぶことがありそうだ。これからもたまに相手をしてくれるかな？」

「もちろんです。こちらこそ、よろしくお願いします！」

私はよろこんで、そう答えました。もちろんジムの営業時間内は、寝技の練習相手は女性ばかり。でも、営業時間が終わったあとや、ジムが休みの日に、織田先生と二人っきりで「セックスのプロ練」をがんばってるんです。

欲求不満の人妻陶芸家と教室での情交
二本の指をぬめった女淫に侵入させると

熊倉洋平　会社員・五十歳

私立の美大を卒業し、中堅の広告代理店に入社して二十数年間、ずっと制作部門で主にデザインの業務についていました。

けれど、二年前に制作部の部長になって以来、退屈を持て余しています。というのも、それまでは徹夜もあたりまえの現場仕事から、いきなり閑職《かんしょく》になってしまったのですから。

やることといえば、部下への指示と仕事のチェック、たまの会議に接待くらいのものです。それまでが、体力的にも精神的にもきつかったこともあり、その反動か出社しても仕事をしているのかいないのか、物足りない気分でいました。

家庭のほうも二人の子どもは独立し、妻との二人暮らしも平穏そのもので、休日もやることがなく時間を持て余し、家でゴロゴロしているだけです。

私を見かねた妻から、いまからでも何か趣味を持つように言われたのですが、もともと運動は苦手でした。釣りは朝早くから起きるのが億劫《おっくう》だし、ゴルフもコースまで行くのが面倒です。

考えてみると、現場での仕事がある意味で趣味の一面を持っていたと、やっと気づいた私だったのです。

そんな折り、久しぶりに美大時代の友人と飲みにいく機会があり、いろいろと愚痴《ぐち》をこぼしていたところ、彼の後輩にあたる人間が陶芸教室を開いていると聞き、興味を持ちました。

そういえば大学時代、土のかたまりがロクロの上でじょじょに形になっていくのがおもしろくて、陶芸科の実習を窓の外からぼんやりと眺めていたことがありました。その後は自分の課題に必死の学生生活、卒業してからは仕事に忙しく、すっかりあの気持ちを忘れてしまっていたのです。

なによりも気に入ったのが、教室といってもこれといった決まりがあるわけでなく、最初に基本だけ教えられたあとは、勝手に工房に出入りして作陶するスタイルだという点でした。もちろん、必要に応じて講師の指導を受けることもできます。つまり、月謝さえ払えば、個人の都合に合わせてマイペースでかまわないということです。

また、教室の場所も自宅から車でそう遠い場所でもないようで、これなら続けられそうだとも思わせました。

友人にその旨を話したところ、その場で連絡をとってくれ、空きがあるとの話で、さっそく、週末に見学へいくことになったのです。

土曜日の昼下がり、ドライブがてら出かけた陶芸教室は、郊外の住宅街を抜けた雑木林《ぞうきばやし》の先にありました。

土間の中央通路の左右に十台ばかりのロクロがしつらえられた、古民家を改装したらしい広い工房では、自分よりも少し年下に見える中年男性と、かなり年配の女性の先客がいました。

ロクロに向かったり土をこねたりしていた彼らは手を止め、入ってきた私に振り向きました。

「新しい生徒さん？」

声をかけてきた中年男性が、てっきり講師の主宰者だと思った私は、頭を下げました。

「いえ、今日は見学だけのつもりなのですが、よろしくお願いします」

「私たちも生徒だから、あらたまる必要はないよ」

中年男性にうなずいた年配の女性が、工房の奥に声をかけます。

「亜衣子《あいこ》先生、見学の方がいらしたわよ」

すぐに奥のドアが開いて、姿を見せたのが講師の亜衣子さんでした。

「熊倉《くまくら》さんですか？　主人から話は聞いています。講師の松戸《まつど》亜衣子です」

軽く波打った長い髪を無造作に後ろでまとめた亜衣子さんは、四十前後の年齢でしょうか、おっとりとした笑顔を私に向けました。

てっきり、主宰者の男性が出てくるとばかり思い込んでいた私は、正直にいって困惑を隠せなかったと思います。

「大先生は、ここにはほとんど顔を出さないんですよ。もっとも、こっちは亜衣子先生のほうが気楽でいいけどさ」

とまどう私の様子を見た中年男性が、そう話しかけてきました。

けれど、私の困惑の理由はそれだけではありません。

奥で作陶をしていたらしい彼女は、長袖のTシャツにジーンズ、そして青いエプロンをつけた姿だったのですが、泥のはねたその胸のあたりが、どうしても私の視線をひいてしまうのです。エプロンの生地《きじ》越しに突き出された彼女の胸は、グラビアなど以外では見たことのないほどの大きさでした。つけ加えるなら、亜衣子さんは、多少ぽっちゃりしているものの、けっして太っているという感じではありません。

彼女の胸に注意を奪われていた私は、陶芸教室の決まりについての説明も上の空で、気がつくと申し込み書にサインをしていました。

考えてみると、外では仕事に、家庭でも子育てに追われて余暇をかえりみる余裕などなかった私です。なにかしら、学生時代に片思いをしていたころのような、フワフワした気分を、久しぶりに味わっていた気がします。

さっそく翌月から、週末だけといわず、平日でも仕事が暇なときは、陶芸教室に足繁く通うようになりました。けっして亜衣子さんが目当てというわけではなく、単純に作陶というもののおもしろさに気づいたからです。

そもそも、自分には妻子があり亜衣子さんにも旦那さんがいます。それに、先ほど片思いと書きましたが、まさに亜衣子さんはそのような存在でいてほしいという、この年に似合わない甘ずっぱいような感情を、どこかで楽しんでいた部分もありました。

亜衣子さんは住居を兼ねている工房に常駐しているのですが、こちらから声をかけない限り、自分の作業場に籠《こ》もっていることがほとんどです。自分の作品をつくっているそうなので、よほどのことがなければ邪魔をするのも気が引けますし、十年も通っているベテランで最初に言葉を交わした野崎《のざき》さんという中年男性と、年配女性の袴田《はかまだ》さんが基本から、だいたいのことは教えてくれました。

そうやって通っているうちに打ち解けた二人から、この陶芸教室についていろいろと聞かされました。

生徒は自分も含め十人足らずですが、たいていの者は月に一度から二度くらいしかやってこず、いつもいるのは野崎さんと袴田さんくらいなものだということです。少しさびしく思っていたところに私が加わって、二人はうれしそうでした。

あるとき、例によって土をこねながら私は、二人に向かって、ずっと抱いていた疑問を口にしました。

「そういえば、講師は亜衣子先生だけなんですか？　ぼくが通いはじめて二カ月くらいですが、主宰者の旦那さんを見かけていないのですが」

「あの人なら別の場所に工房と窯《かま》をつくって、ずっとそっちに詰めているんだよ。俺も、もう一年も姿を見てないな」

野崎さんの話では、亜衣子さんの旦那さんは、芸術家にありがちな気難しい人だそうです。生活のためにこの陶芸教室を開いたものの、素人の生徒の指導をすることに嫌気が差して、元はお弟子さんでもあった亜衣子さんにすべてを押しつけて、放り出してしまったという話でした。

「私たちだけじゃなく、亜衣子さんもずっと会ってないんじゃないの？　あの調子じゃあ、子どもがいないのもあたりまえよねえ」

袴田さんも野崎さんにうなずきかけて、二人で意味ありげに笑います。

ただ、そのときの私は、亜衣子さんもいろいろとたいへんなんだな、くらいにしか思っていませんでした。

そんな調子で、私が教室に通いはじめて半年近くたったころでしょうか。

そのころの私は、行ってもこれといってやるべき仕事のない会社よりも、陶芸教室に通うほうが本業になっている気分でした。

細かい雨が降っていたその秋の土曜日の午後も、私は陶芸教室に車を走らせました。ところがその日の工房はガランとして、珍しく野崎さん、袴田さんの姿も見えません。

そういえば、袴田さんは孫の誕生日だから今日は来ないと言っていたし、野崎さんも最近、神経痛がひどいとボヤいていたので、この雨のせいだろうと思い出しました。私は作業着に着がえます。そして、自分に割り当てられたロクロの前であぐらをかくと、平皿を作りはじめました。

回転するロクロの上で形作られる粘土の感触を指先に感じながら、私は作業に没頭します。

そのとき、背後から声をかけられました。

「あら、今日は熊倉さんだけかしら?」

声で、すぐに亜衣子さんだとわかりました。振り返ると、例によってジーンズ、トレーナーに泥のこびりついた服装のエプロン姿で微笑んでいます。

「ええ、そのようですね」

意外に近い距離に立っている彼女に、私は動揺を隠してうなずきました。考えてみると亜衣子さんと二人きりになったのは、初めてです。

「気にしないで、そのまま続けてくださいね」

そう言った亜衣子さんは、背後から私の手元を見つめます。

前に向き直った私は、亜衣子さんの視線を感じながら振り返ることもできませんでした。そのせいで、平皿の形にととのいかかっていた粘土もゆがんでしまい、何を作っていたのか自分でもわからなくなるほどです。

すると、次の瞬間、背中に生地越しの柔らかな弾力を感じた私は、体を硬直させました。かまわず亜衣子さんは、背後から私を抱くようにして、両手首をつかみます。

「指先に力が入りすぎですよ、熊倉さん。もう少し柔らかく、こんな感じで」

背中への巨乳の感触に加え、耳元への熱い息づかいに刺激され、私は硬くなりはじめた股間を悟られないかと、そればかり考えていました。

「あの、亜衣子先生……」

「私の作品のほうは窯に入れて焼くだけになったから、今日はマンツーマンで指導できますよ。遠慮なさらないで」

「それはありがたいのですが、少し距離が近すぎるというか……」

「あ！」

やっと気づいた亜衣子さんは、あわてて私から離れ「陶芸のこととなると熱中してしまって」と恥ずかしそうに言いわけをしたのでした。

その仕草がどうにもかわいらしく思えた私は、今日はもう作陶に集中できそうにないと思い、思いきって言ったのです。

「亜衣子先生の作品がいち段落したのなら、前祝いに奢《おご》りますよ」

「そうですね。でも、こんな汚れた格好じゃ外で飲むってわけにいきませんから、ここで。お酒なら、主人の買い置きがありますから」

うなずいた私ですが、このときはまだ期待などしていませんでした。

二時間ほど経過したころ、二階の住居スペースに招き入れられた私と亜衣子さんの前には空いたワインの瓶が並びました。

久しぶりのお酒だという彼女は、相当酔ってしまったようです。目をとろんとさせ、ろれつの怪しくなった舌足らずの口調で、夫に対するアーティストとしての尊敬と、家庭人としての冷たさを交互に口にしていました。

一方の私は、エプロンをはずした彼女の胸に視線が釘づけです。

「でもね、熊倉さんを見たとき、才能があると思ったわ。だって、主人と似たきれいな指してるんですもの」

「そうなんですか？」

突然、亜衣子さんは私の指をつかみ引き寄せました。

「私、こういう指に弱いのよ」

そして亜衣子さんは、私の指先をしゃぶりはじめたのです。

「ち、ちょっと、亜衣子さん！」

かまわずに、彼女は指先から離した唇を私のそれに重ねました。

「さっきまでは私も陶芸家だったけど、久しぶりに女に戻れた気分だわ」

「亜衣子さん！」

私はあとのことなど考えられなくなり、亜衣子さんを抱き締めました。彼女の体の弾力や髪の甘いにおいに、私の頭の中は真っ白になります。

腕の中からスルリと逃げた亜衣子さんは、私の手を引き、居間の隣のベッドルームに導きました。

長い間一人寝の夜を過ごしている、セミダブルベッドに腰かけた彼女は、トレーナーとジーンズを脱ぎ捨て、淡いピンクの下着姿になります。さらに、見せつけるようにしてブラジャーをはずすと、押さえつけられていた豊かな乳房がこぼれ出ました。

陶器を思わせる白い乳房は、豊かなだけでなくまだ張りを保っていて、薄茶色の乳輪の中央で乳首が上を向いています。

さらにショーツを脱ぎ捨てた亜衣子さんは、軽く脚を開いて立ち上がりました。その脚の中央の茂みは控え目で、わずかに栗色が混ざっています。

しばらくの間、その光景に心を奪われていた私でしたが、ズボンの下でペニスが張りつめる軽い痛みに似た感覚で我に返り、あわてて服を脱ぎました。

剝き出しになったいきり立つものを見た亜衣子さんは、照れたような笑みを浮かべると、私の前に跪きました。

「ほんとうに久しぶり」

うっとりとした口調で言うと、根元を軽く握って何度も頰ずりをし、先端にキスをしてから咥えました。

「うっ」

うめく私を上目づかいに見た亜衣子さんは、ときに軽くさすりながら、さらに舌先で根元から舐め上げ、亀頭の張り出しをていねいに刺激します。その様子はまるで、手にした作品を舌と指で鑑賞しているようでもありました。

しばらくそんなふうにして、私のものをもてあそんでいた彼女は、やっと顔を上げました。

「続きはベッドで、ね？」

一刻も早く、亜衣子さんに挿入したい気分の私は、彼女を抱きかかえるようにしてベッドに上がり込みます。

「亜衣子さん！」

しかし、彼女の体を使った〝鑑賞〟は、まだ続きます。

「まだよ、もうしばらくじっとしてて」

私をあおむけにすると、今度は自分の乳房を持ち上げるようにして、乳首の先端で私の胸から脇腹へと、円を描く動きでなぞりました。

「ああっ！」

私の体の表面を這い回る、くすぐったいような快感に、思わず声が洩れました。

亜衣子さんも「うっ」とうめいて一瞬動きを止めると、鼻にかかった甘い声で告げました。

「こうしていると、私も感じちゃう」

そしてまた、乳首の先端が私の体の表面を這い回り、気がつくとシックスナインの体勢になっていました。けれど今度は舌を使わず、亜衣子さんはここでも乳首の先端で私のものを刺激し、ときどき、挟み込んだ乳房でさすります。

「ううっ！」

私はまた、声を出してしまいました。若いころなら、これだけで発射してしまったに違いありません。

その一方で、私の目の前には亜衣子さんの茂みに囲まれたあの部分が露になっていました。

彼女の言ったとおり、この愛撫で自らも感じていたのでしょう、たっぷりと愛液にまみれた部分に、私は舌先を差し入れます。

「ああっ、待って！　舌よりも指で」

亜衣子さんは、私に短く命じました。

私は言われるままに指先を使い、敏感な部分の皮を剝いて優しくふれました。

「こんな感じでいい？」

「そう、それが感じるぅ。入れて！　指を入れて」

人差し指と中指を揃えた私は、ゆっくりとぬめった部分に侵入させました。

柔らかさと熱さが、二本の指を包み込みます。

その瞬間、乳房での私への愛撫の動きを止めた亜衣子さんは、腰を振るわせて小さく叫びました。

「ああっ、いい！　やっぱり、あなたの指は感じるぅ！」

私は彼女の中で、ゆっくりと指を前後させました。

するとし突然、亜衣子さんの中が窮屈になる感触が、二本の指に伝わりました。

まるで、指を握り締められるような感じです。

同時に、おっとりした印象の亜衣子さんには似つかわしくない、甲高い声が響きました。

「あーっ！　イッちゃうぅ！」

腰を浮かせた亜衣子さんはビクビクと体をふるわせると、私の上からゴロリと横に転がりあおむけになりました。

しばらくその様子を眺めていた私は、彼女の乳房の震えが収まるのを待って、おおい被さります。興奮しきった私は、とても指だけで満足できるわけなどありません。

「ぼくもイキたいんだけど、いい？」

許可を求める私に、目をつむりぐったりとしていた彼女は、黙ってうなずきました。

私はむっちりとした亜衣子さんの腿を左右に広げると、握ったペニスの先端を突き立てました。

ところが、イッたばかりで内部が狭くなっていたせいでしょう、年齢のわりに元気だと自負していたものが、なかなか入りません。

それでも何度か試しているうちに、ぬるりという感じでやっと先端を侵入させることに成功しました。

押し戻そうとする亜衣子さんの内部にあらがい、そうはさせまいと、私は強引に腰を突き出します。

「あっ、うっ」

眉間にしわを寄せた亜衣子さんは、苦痛のそれに似た表情を浮かべました。

「痛いですか?」

私は、慎重に動きました。

「ち、違うの、さっきイッたばかりなのに、また、イッちゃいそう」

その言葉が終わらないうちに、亜衣子さんは腰をよじり、私の腕を強くつかみました。彼女の内部で、指に感じたときと同じ強烈な締めつけが、私のペニスを絞り上げます。

それまで散々じらされたこともあり、私はたまらず亜衣子さんの中へ、したたかに射精してしまったのです。

「亜衣子さんって、すごいな」

「夫からも、名器だって言われてました」

「でも、セックスレスなんでしょ？　旦那さん、もったいないことするね」

「いいんです。もう、忘れてください」

そう言って、亜衣子さんは毛布を引き上げ、顔を隠しました。

その様子から、彼女はまだ夫を愛していて、ハメをはずしてしまい後悔しているのだと感じとった私です。

そのあと、相変わらず陶芸教室に通っている私ですが、亜衣子さんとはあくまでも講師と生徒の関係で、お互い素知らぬ顔をしているのでした。

息子ほど年の離れた外国人英会話講師と淫語を教えながら大きなペニスを奥まで

中野真理子　主婦・四十一歳

四十一歳の主婦です。こんな年齢になって英語を習ってみたいと思ったのは、テレビで女性芸能人が語学留学をするという話題を見たせいでした。

自分も海外に留学してみたいけどそんなお金も時間もないし、それだったらせめて英会話スクールに行ってみたいと思ったんです。もしかしたら講師の外国人男性と友だちになれるかも……という不純な動機もありました。

実際に行ってみると受付の人などは日本人ですが、講師はみな外国人の男性、それも私の子どものような若い男性ばかりで驚きました。そしてそれ以上に驚いたのが、彼らのほとんどが、日本語をほとんど話せないのです。

私はこういう講師というのは、みんな日本語と英語の両方がペラペラのバイリンガルだと思っていたので驚きました。でも、本場さながらに英語だけの環境でしゃべるというのがこのスクールの「売り」だったようです。

授業は、授業というよりも英語で雑談をするという感じで、とてもリラックスしたものでした。ほんとうに友人同士のように、談笑するのです。

だからスクールに通ううちに、先生たちとも打ち解けてきました。

そんな講師の中に、少し気になる男性がいました。クリスというアメリカ出身の、若い金髪に青い目の男の子でした。会話中にも、私とやけに視線が合うので、もしかしたら……という気持ちを、私のほうも抱いていました。

あるときいつものように教室での雑談の中で、私が自分の年齢を言いました。正直に四十一歳だと言ったのです。するとクリスは目を丸くして驚きました。

「ニジュウダイノジョセイダト、オモッテイマシタ」

外国人から見ると、日本人は年が若く見られるというのはなんとなく知っていました。でもこんなことを言われて悪い気分になる女性はいません。

私はうれしくなって舞い上がってしまいました。

「あらうれしい。私が奢ってあげるから、お酒を飲みにいきましょう」

私はつい、クリスを誘ってしまったのです。クリスも、さすがはアメリカ人で乗りがいいのか、誘いに乗ってきました。

じつは私、かなりお酒好きなんです。以前から行きつけの飲み屋さんにクリスとデートに行っちゃいました。

駅の近くの安い居酒屋でしたが、クリスは驚いていました。

「コレ、ドレデモノンデイインデスカ?」

クリスは居酒屋も、飲み放題というシステムも初めてだったのです。いろんな料理があって、いくらでも飲めるというのが珍しかったみたいです。

クリスはあまりお酒が強くはないらしく、どんどん酔っぱらっていきます。

その様子が楽しくて、私もたくさん飲んでしまいました。酔ってくると私もクリスもお互いにボディタッチが多くなってきました。さすがスキンシップの国、なんて思っているうちにすっかり意識朦朧《もうろう》となってしまったんです。

そして気がついたら、私はクリスの住んでいるアパートに転がり込んでしまっていたようなのです。彼のアパートの部屋の床で少しウトウトと眠ったあと、私は目を覚ましました。家には何も連絡してなくて「しまった」と思いましたが、逆にこうなったらなるようになれという気持ちにもなりました。

「ねえ、クリス、ここ、お酒ないの？」

私は隣に寝ていたクリスを揺さぶって起こしました。そして寝ぼけまなこのクリスに冷蔵庫からビールを持ってこさせて、二人で飲みなおしはじめたのです。

クリスのアパートはあまり広くはありませんでした。そんな部屋で二人きりでお酒を飲んでいると、ものすごく距離を近く感じました。

酔ったクリスの目が、薄手のシャツを着た私の胸を見ています。彼が何を考えているのかは、すぐわかりました。実は私、胸はFカップあるんです。日本人としてはまあまあ大きいほうだから、クリスも気になったんだなと思いました。

「ねえ、クリス、おっぱい見る？」

私は少し悪戯っぽい気持ちになって、そんなことを口走ってみました。でもクリスはきょとんとした目をして私を見返してきます。

「オッパイ？」

あきれたことに、クリスは「おっぱい」という日本語も知らなかったのです。

「女性の、胸のことよ。バスト」

クリスは顔を真っ赤にして、照れ笑いしました。思った以上に純情なタイプだったようです。私はすっかりクリスがかわいくなってしまいました。

クリスの返事を待たずに私はシャツを脱いで、ブラだけの姿になりました。

クリスは「オー」なんて声をあげましたが、目は半裸の私にくぎづけです。

私はブラをつけたまま、胸の先端を少しずらして、トップを露出させました。

「これが、乳首……バストトップよ」

「チクビ……」

クリスが私の言葉をくり返します。いつも教室では私がクリスから英語を教わっているのに、ここでは私がエッチな日本語を教えているのです。それがなんだかおかしくて、私はついついエスカレートしてしまいました。

「ほらぁ……さわってみてよ……」

私はクリスの手をとって、自分の胸に当てました。

初めのうち、クリスの手はおっぱい全体を包み込むように遠慮がちに指を動かすだけでしたが、やがていやらしく、私の乳首を指でつまんだりしてきました。

「んん……気持ちいい……」

私がクリスの目を見つめながらそう言うと、クリスも興奮した目で私を見つめ返してきました。クリスは私のブラを脱がして、上半身裸にしてしまいました。

「ママのおっぱい、欲しい?」

私が言うと、クリスも意味がわかったようでした。恐るおそる私のおっぱいに顔を近づけて唇をとがらせて、赤ちゃんのように乳首に吸いついてきたのです。

「んんっ……!」

お酒に酔って鈍くなっていた全身の感覚が、一気に目覚めるようでした。思えば夫とのセックスもほとんどなくなって久しく、まして夫以外の男性とこんなことをするのは、いつ以来かもわからないくらいです。

興奮が止まらなくなってきました。そしてそれはクリスも同じでした。

「アッ……!」

クリスが小さな悲鳴をあげました。私が彼のズボンの股間を手でつかんだのです。そこはもうすっかり大きく、熱くなっていました。

「クリス、大きいのね、オチ〇チン……」

私はズボンの上からなでさするような動きで手を上下させました。手の中のものはどんどん大きくなってきます。

「アア……ダメデス……ノー……」

クリスが切ない表情で私のことを見つめます。そんな様子を見ていると、つい私の中の「Sっ気」が目覚めてしまうのか、意地悪したくなっちゃうのです。

「私が見せてあげたんだから、クリスも私に見せなさいよ……」

私はそう言って、彼のズボンを強引にずり下げてしまいました。

そして、パンツも脱がしてしまったのです。中のオチ○チンがすっかり大きくなっているのでそれが引っかかって、脱がすのもひと苦労でした。

「うわあ……やっぱり、大きい……」

白人のクリスのオチ○チンは、やっぱり白い色をしていました。そしてその周りをうっすらとおおうように、金髪の恥毛が生えていたのです。

やっぱり、金色なんだ……。私はそんなことを思いました。

そして、ほとんど何も考えずに、亀頭の部分にむしゃぶりついてしまったのです。クリスは驚いた声をあげましたが、私に身をまかせていました。

「どう？　気持ちいい？　……ここが『亀頭』よ……」

「ハイ、キトウ、気持ちイイ……デス……」

クリスの声は、夢見心地という感じでした。

「なんてかわいらしいんだろう」と私は思いました。唾液をたっぷり出してオチ○チンに絡ませて、根元から何度も何度も舐め上げてあげました。

クリスのオチ○チンはやっぱり、外国人サイズでした。あっちの人は硬さはそれほどでもない、なんて話を聞いたことがあるけど、けっしてふにゃふにゃではありません。私の夫のより、逞しいオチ○チンだったくらいです。

私の興奮はもう止まらなくなってしまいました。自分からスカートもパンティも脱いでしまったのです。そして、クリスに向かって開脚して見せました。

「オー……」

クリスが感嘆《かんたん》の声をあげて、私の太腿の間に熱い視線を注ぎます。見られると感じてきて、私はついつい自分でいじってしまいました。こんな姿を見せるなんて、夫にもしてあげたことがありません。

私は人差し指と中指を使って、あそこを大きく開いて奥まで見せました。

「ほら、クリス……これが女の人の、オマ○コよ……」

「オマ○コ……」

クリスの顔が、どんどん私のあそこに近づいてきます。

「これがクリトリス……いじると、気持ちよくなるの……んっ……！」

私は説明しながら、自分でクリトリスを剝き出しにして指先で刺激しました。

奥のほうから愛液が溢れてくるのが見なくてもわかりました。

「ほら……溢れてきた……これが、蜜……」

私は自分の蜜を指ですくって、クリスの目の前で糸を引いて見せました。

それにしても、自分でも不思議でした。こんなことを、男の人にさせられたら恥ずかしくてたまらないのに、クリスの前なら平気でできちゃうんです。

きっと、クリスがずっと年下だということと、アメリカ人だということも関係していたんだと思います。ここはまぎれもなく日本ですが、なんというか「旅の恥はかき捨て」というような心境になっていたのかもしれません。

「あんっ、あっ……！」

私の口から悲鳴が洩れました。クリスが、私のあそこにキスしたのです。

「コンドハ、ワタシガ、シマス……」

クリスはオマ○コを舐めながら、上目づかいに私を見上げて言いました。

どうやら、オチ○チンを舐めてあげたお返しらしいのです。

「ああ、んあん……気持ちいいよ……！」

私の口から、いやらしい声が洩れます。

すでに書いたように、クリスのアパートは大きな部屋ではありません。はっきり言うと、安普請《やすぶしん》です。あまり大きな声を出すと、隣の人に聞こえてしまうかもしれません。でも、声がどんどん大きくなるのが止められないんです。

舐められながら気づいたのですが、クリスの舌はとても長いのです。その長い舌が、根元まで私の中に入り込んでくるのです。あそこの内側がこんなに気持ちよくなるなんて、私はこのときまで知りませんでした。

「だめ、クリス……イッちゃう……！」

私は自分の股間にあるクリスの金髪の頭に両手を置いて、全身を痙攣させて絶頂してしまいました。

舌だけで、イカされてしまったのです。

「気持ち、ヨカッタデスカ？」

クリスは私の脚の間から顔を上げて、うれしそうにそう言いました。

「うん、イッちゃった……」

「イッチャッタ？」

「うーん……いちばん気持ちよく、なっちゃうこと……エクスタシー」

私がそう言うと、クリスはものすごく満足そうな笑顔を浮かべました。

それを見ていたら、私はなんだか悔しくなってしまいました。

「じゃあ、私も……」

私はクリスの着ていたものを完全に脱がしてしまいました。

シャツを脱がすと、金髪の胸毛がうっすらと生えた胸板が露になって、なんだかどきどきしてしまいました。

考えてみたら、外国人の男性とエッチなことをするなんて初めてです。だから金髪の胸毛にふれるのも、初めてのことなのです。

感慨にふけりながら、私はクリスの乳首にそっと指先でふれました。

「オウ……」

クリスが目を閉じて、感じています。

私が指先で乳首をつまんでひねるようにすると、体をよじらせました。

「クリス、気持ちいい?」

私がたずねると、クリスは震えながらうなずきました。その様子がいじらしくて、私は思わず、乳首を甘噛みしてしまったのです。

「アウ……」

クリスはそんな目にあいながらも、うれしそうです。

もしかしたら、Mっぽいタイプかもしれないな。そんなことを思いながら、私は右手でクリスの左の乳首をなで、右の乳首を舌先でもてあそびました。

あおむけになったクリスの体にのしかかりながら、私のあそこがクリスの股間にふれるような体勢になりました。

クリスのオチ○チンはずっとふくらんだ状態だったみたいで、私のあそこをつんつんと突いてきます。私は自分のお尻のほうから手を回して、彼のオチ○チンをつかんで私のあそこに押しつけました。

「んん……ああ……」

「オウ……」

二人の甘い吐息が、混じり合うようでした。

オチ〇チンをあそこに押しつけはしましたが、挿入はしていない状態です。その状態のまま、私は腰を前後に動かしました。ぬるぬるになった私のあそこの愛液が潤滑油になって、天然のローションのようになっていました。そこに、クリスの長いオチ〇チンが何度も行き来して、なんとも言えない気持ちよさでした。

気持ちよかったのは私だけではありません。クリスもです。

「オウ……ダメデス、モウ、ダメ……」

クリスがそんな泣き言を言ってきます。

「ねえ……クリス、入れたい？」

私は腰を動かしたまま、クリスに挑発的にたずねました。

「ハイ……イレタイ、デス……」

クリスは、泣き笑いのような顔になりながら、私に言いました。その声はもう快感のせいで、かすれ気味にさえなっていました。

「入れたいって、どこに入れたいの……？」

私は意地悪をしてみせました。私が教えた「日本語」をちゃんと覚えているかどうか、テストしてあげたのです。

「ハイ、オ、オマ○コ、デス……」

少しはにかみながらクリスが答えました。

「オマ○コに、何を入れたいの?」

私はさらに激しく腰を動かして刺激しながら、クリスに聞きました。

「オマ○コニ、オ、オチ○チン、イレタイ、デス……!」

気持ちがよすぎるのか、ほとんど苦しそうな表情を浮かべながら、クリスが言いました。私はようやく彼を許してあげることにしました。

「よくできました……」

私はそう言って、手につかんだオチ○チンの角度を少しだけ変えて、そこに腰をゆっくり、わざと時間をかけて沈めていったのです。

「オオ、オオ……!」

クリスが感嘆の声をあげました。

「ん……クリス、気持ちいい……?」

「ハイ、トテモ、キモチイイ、デス……！」

その言葉に嘘はなかったと思います。

なぜなら、クリスのサイズは私のあそこにはキッキツの、ギリギリくらいのサイズだったからです。これなら、かなりの締めつけに違いないと思いました。サイズ的には大きいけど、裂けるような痛みはありません。やはり日本人にくらべると柔らかいのでしょうか。でもそれが、とても心地よかったのです。

完全に根元まで呑み込んでしまうと、私はクリスに抱きついて、首に両手を回しました。そして、ようやく初めて、クリスの唇にキスをしたのです。

舌先が、唾液が、とろけるほど絡み合いました。

「ん……ねえ、クリス……何度もイカせて……！」

私がそうおねだりすると、クリスは下になったまま、ゆっくりと腰を動かしはじめました。ずんずんと下から、突き上げてきたのです。

「ああ、ああん、気持ちよすぎる……！」

私は上半身をそり返らせました。クリスはピストンを止めません。私のFカップのバストが、まるでゴムまりのように大きく上下に揺れました。

そのおっぱいに、あおむけになったクリスが手を伸ばし荒々しくもんできます。挿入したとたん、人が変わったようにアグレッシブな愛撫です。

「ああん、クリス、もっと優しく……ああっ……！」

クリスは私のお尻に手を回しました。そしてがっしりと強い力でつかんで、そのまま上体を起こしました。オマ〇コに入ったままそうしたのです。

「あぁっ、んっ……！」

繋がったまま、クリスは私の体を反転させました。そして私の両手が床につくような体勢になって……気づいたら、バックで責められていたのです。

「イキマスカ？　イキマスカ？　オマ〇コ、イキマスカ？」

クリスは覚えたばかりの言葉で、私のことを言葉責めしてきたのです。腰の動きも、さらに荒々しく、いえ、乱暴にさえなってきました。

「だめ、激しすぎる……イキそう……！」

ガクガクと全身を揺さぶられながら、繋がった部分はどんどん、信じられないくらい熱くなっていきます。

クリスは突きながら私の体の前から手を回して、クリトリスを指で刺激してきました。こんなふうに内側とクリトリスを同時に責められると、すぐに絶頂感が押し寄せてきてしまうのです。

「ああん、ああん、イク、もう、だめ……！」

クリスはそのまま、私の体ごと横倒しになりました。そして二人で体の左側を下に向ける体勢で、腰を動かしつづけたのです。

クリスが繋がったまま体位を変えるので、そのたびにオマ○コの中をオチ○チンが回転してこすれて、快感がぐいぐい高まってしまうのです。

海外サイズのオチ○チンに恍惚《こうこつ》状態になりながら、最後は正常位でキスしながらイキたい……そう思っていたら、クリスはそのとおりにしてくれました。

私を抱きかかえるようにピストンしながら、濃厚なキスをしてくれたのです。

「クリス……クリス……あたし、イク……！」

すでに何度も小さなエクスタシーをくり返していた私。その波がどんどん大きくなり、最後にクリスの射精を体の奥に感じた瞬間、意識がなくなりました。

夫への罪悪感も何もなく、ただひたすら気持ちよかったんです。

第三章

煽られてしとどに濡れる密着指導

素人投稿スペシャル――熟女の絶頂個人レッスン

アイドル姿の四十路熟女にカラオケ指導
肉のマイクを喉深く挿入して歌わせた私

森永拓郎　無職・六十五歳

長年勤めた化粧品の営業職を定年で退職した私は、実家が以前やっていた酒屋の店舗を改装して、遊び半分のカラオケ教室を始めました。四十年間仕事一筋、趣味や特技といったらカラオケくらいのものでしたから、残りの人生をとにかく楽しくすごせればと考えてのことでした。

もくろみどおりと言っていいのか、私の小さなスタジオは、ほどなくしてカラオケ好きの中高年が集まる飲み会の場となりました。近隣にはカラオケのできるスナックも点在しているのですが、うちは月に千円の会費を払えば酒の持ち込み自由、カラオケも歌い放題です。ヒマを持て余した年金暮らしのジジババやスナックに敷居の高さを感じている主婦なんかが、気楽にやってきてワイワイするのにうってつけだったのです。

大の酒好きでもある私としてはそれで十分、ほぼ目的を達したようなものでした。が、いちおう「教室」を謳《うた》っているわけですし、営業職の一環で鍛えた自慢のノドをちゃんと活用したいという思いもありました。そこで希望者にはマンツーマンの稽古《けいこ》をつけることにし、志の高い数人の歌い手の指導を始めたのです。

その中の一人、四十歳の未亡人・弥生《やよい》ちゃんの話をしたいと思います。

弥生ちゃんは、我が教室がカラオケ飲み会でしかなかったころから、自分で作った衣装を着てくるほど歌い手として気合が入っていました。

彼女なりにこだわりがあるらしく、衣装はいずれも明菜《あきな》ちゃんや桃子《ももこ》ちゃんといった八十年代のアイドルみたいなのですが、比較的童顔で笑顔のかわいい彼女にはよく似合っていました。ただし、年をくってムチムチとした肉がついているぶん、当時のアイドルたちよりもずっと色気が勝っていて、フリフリのスカートが短かったり胸の谷間がのぞけていたりすると、思わずムラッとさせるものがありました。

こっちも趣味でやっていることですから、マンツーマンの指導中でも酒は飲みます。恥ずかしながら根がスケベ爺ということもあり、酔いが回ってくると、冗談半分ながらセクハラめいたまねをしてしまうことがありました。指導にかこつけてボディタッチを繰り返してしまうのです。

ところが弥生ちゃんは、いっこうに気にする様子もなく私以上に酒を煽っては、ピョンピョンと大きな胸を弾ませているのでした。

それでつい「ラブソングってのはまず気持ちからなんだ」とデュエットしながらハグしたり、その手をおろして尻を撫でたり、ふざけた振りでほっぺにチュッチュッしてみたり……。

彼女の太腿に押し当てたイチモツが硬くなっているのも気づかれていたはずですが、それでも弥生ちゃんは変わらず楽しそうにしていました。

そんなことが、マンツーマンの指導を始めて二カ月くらいの間に幾度となく重なっていったのです。

女も四十歳となると世間的には大年増《おおどしま》といった位置づけになるのでしょう。しかし、還暦をとうに過ぎた私にしたら、若い女でしかありません。特に色鮮やかなヒラヒラの衣装を着て元気に歌う弥生ちゃんはピチピチの女に映っていました。アザラシみたいな女房相手ではピクリともしない股間のものも、彼女のフレッシュなにおいをかぐだけでカチコチになるのです。

もちろん、私はケダモノではないつもりです。酔ってはいてもなるたけ理性を働かせるようにはしていたのですが……もののはずみというものでしょうか、ある日、どうしようもない昂りを覚えるに至ってしまいました。

そのころ、弥生ちゃんは明菜ちゃんの歌と衣装にこっていました。明菜ちゃんにはかわいらしいイメージの衣装も多くあるのですが、『TATTOO』というヒット曲の衣装はセクシー全開です。

いまにもズリ落ちてしまいそうなチューブトップの大胆な胸元に、太腿を露にしたタイトなマイクロミニ。肌に張りついた生地はブリッとした尻の形をくっきりと浮き出させていました。

弥生ちゃんは明菜ちゃんのような細身ではありませんが、腰のくびれはちゃんとあります。それでいて豊満というのは、なんなら本家よりも濃厚な色気をかもしているように私には見えました。

「おいおい、今日はまた、いちだんと気合が入ってるじゃないか」

「ふふふ、いいでしょう？　この衣装作るのに一カ月もかかっちゃった」

言いながら得意げにクルクル回って見せる弥生ちゃんは、自分がどんなにエロチックに見えているのかわかっていないみたいです。

私にはその様子がすきだらけの獲物みたいに見えました。思えばこのときにはもう、私の中で妙なスイッチが入ってしまっていたのだと思います。

明菜ちゃんよろしく身をくねらせて『TATTOO』を歌いはじめた弥生ちゃんに対し、私は「もっと腹式呼吸を大事にしなきゃ」と、身を寄せていくなり彼女のヘソの下あたりへ手のひらをぴったり当てました。そのときはさりげなくしたつもりでしたが、こうして書き出してみると顔が赤くなるばかりです。

「ここに臍下丹田《せいかたんでん》がある。わかるかな？」

言いながら円を描くように手のひらを動かし、ピンと伸ばした小指の先でさらに下のほうの柔らかな感触を味わっていました。

視線を下げると深い胸の谷間がのぞけます。その絶景が私をさらに図々しくさせました。

私は彼女の背中に片腕を回し、「もっと胸を張って」と、乳房のふくらみに横から手を当てていったのです。

弥生ちゃんは私の狼藉《ろうぜき》にいっこうかまわず、相変わらずセクシーなダンスを踊りながら夢中で歌いつづけていました。

「そう……そうだ……いい感じだよ」

耳元で言った私は調子に乗って、片手を乳房にかぶせるなりジワリと肉をもみ込みました。

ここまでくると、もう理性も何もあったものではありません。一方の手の指先はマイクロミニのすそにかかって、すでに内側の空間へと侵入を始めていました。

さすがにこれはマズいな……そう思う自分も確かにいました。しかし、弥生ちゃんの尻に密着したイチモツが彼女の妖艶《ようえん》な動作につれてこすられるのを感じると、体が勝手に悪さを進めてしまいました。

気がついたとき、私の左手は衣装の上から乳首の突起を探り出し、右手の指先はパンティの上から柔らかい部分をクニクニといじりはじめていたのです。

「あぁん、そんなにされたら歌えなーい」

ここに至って、弥生ちゃんが初めて反応らしい反応を示しました。

私の行為をどう受け取っているのか、顔には笑みを浮かべたまま、口はまだ歌詞を追いつづけていました。

そういえば、弥生ちゃんが未亡人になったのは十年以上も前のことなのだそうです。男ひでりで欲求が溜まっていたのかどうか、着衣越しにも乳首がピョコンととがり立ち、局部を探る私の右手の指先は、にわかにヌルつきを感じだしていました。

「これも練習だよ。そのまま歌ってごらん、弥生ちゃん」

すっかり開き直った私は、彼女のパンティの中に手を突っ込み、「伴奏だ」と言いながらクチュクチュと音を立てました。

歌詞に混じって「あっ、あっ」とスタッカートを挟む弥生ちゃんが、ガニ股になって膝をふるわせだしました。幾度も腰を落としそうになり、それでもがんばって歌いつづける姿がなんとも言えずけなげです。

たまらなくなった私は、彼女の顔を振り向かせるなり唇を奪って舌を強く吸い立てました。

その一方で左手をチューブトップの胸元にすべり込ませ、生の乳房を荒々しくもみしだきました。

「ううんっ……うっ、ムウッ……」

弥生ちゃんが片手でマイクを握ったまま、もう一方の腕で私に抱きついてきました。頬がぽおっと赤く上気し、衣装はじっとりと汗ばんでいました。

「明菜ちゃんより、ずっと色っぽいよ、弥生ちゃん。ほら、今度はこっちのマイクで『TATTOO』を歌ってくれるかい?」

私は自分のズボンを膝までずり下げると、弥生ちゃんの頭を上から押さえつけるようにして、露出した肉のマイクを彼女の口元に押しつけました。

弥生ちゃんは、肉のマイクを咥えながら、曲に合わせてハミングをしはじめました。

「ああっ……むっ……むいむううっ、あぅあぁぁぅ……えあえあぁ」

「そう、そう……ノドをふるわせて……ああっ、たまらん……すごくいいよ」

これはまったく私の本心から出た言葉でした。

いったい、弥生ちゃんの頭の中はどうなっているのでしょう。私のしているあからさまな狼藉に対し、この期《ご》に及んでまだレッスンの続きのようにふるまってくれるのです。

そんな弥生ちゃんに乗せられるかたちで、私もしぶとく「指導しているふり」を続けていました。

「もっと舌を動かして……そう、これはカツゼツの訓練になるからね」

弥生ちゃんの頭に両手をのせたまま言い、本物のマイクが拾うエコーのかかったなまめかしい吐息に聞きほれました。

「よし、もう一度最初から歌ってごらん」

腰を引いて濡れたイチモツを抜き出し、弥生ちゃんに本物のマイクを握らせて、イチから『TATTOO』を歌わせます。

そうする一方、すでに乳房が剝き出しとなり、マイクロミニのタイトスカートも半ば以上ずり上がった半裸の弥生ちゃんの体をネチネチといじり回しました。

立ったままパンティを脱がせてノーパンにさせ、それでも踊りつづける弥生ちゃんの秘所に指を差し込み、抜き差しをしながら左右の乳首を思うさま舐め吸いしました。

ときおり途切れる歌声と、そこに挟まる悩ましげな声……。

もう一秒も我慢できない！　私は弥生ちゃんの腰を背後からがっしりつかむと、剝き出しの尻を引き寄せるようにして、一気に彼女をイチモツで貫きました。

「あっ、ああっ！」

エコーのきいた喘ぎ声がワンワンとスタジオに響きました。足踏みをしてカタカタッとハイヒールの音を高鳴らせた弥生ちゃんが、前へ大きく屈み込んだまま背筋をのけぞらせました。

「いいぞ、腰のねばりをきかせて歌いつづけるんだ」

言いながら腰を振り動かし、伸ばした両手で乳房をもみ回しました。

子どもを生んでいない弥生ちゃんの体は肌に張りがあり、尻も乳房も豊満でありながら、その奥に引き締まった肉の躍動を感じさせました。アソコの締まりもよく、肉厚の襞が竿全体をみっちりと締めつけてくるようです。

抜き差しのたびに鳴るグチュッ、グチュッという粘着音。そして喘ぎ声を折々に挟んだいやらしい歌声に、私は陶然《とうぜん》となりました。

「なんて素敵なんだ……もっと……もっと、そのいい声を聴かせてくれ！」

私の言葉にこたえるように、弥生ちゃんは何度も膝を折りそうになりながら、それでもしっかりと足を踏ん張って歌いつづけてくれました。


先に私は自分のことをスケベ爺と書きましたが、とはいえこれほどに興奮し、無我夢中で女の体に没入したのは、いったい何年ぶりのことだったでしょう。

いえ、十代か二十代のころ以来の、何十年ぶりだったように思います。

弥生ちゃんという、こう言っては申しわけないのですがちょっとヌケたところのある、それでいて最高に抱き心地のいい女体を、いわばおもちゃにしてしまっているのです。さまざまな罪悪感も込み上げてくるなか、私はまるで悪魔のような笑みを浮かべていた気がします。

いつしか弥生ちゃんは『ＴＡＴＴＯＯ』を一曲歌い終わっていました。

手にはまだマイクを握ったままだったので、スタジオには彼女の喘ぎ声だけが響き渡っていました。

ビクンビクンと反応する中で膝をどんどん折り曲げていき、とうとうリノリウムの床で四つん這いになった弥生ちゃん。床に当たったマイクがゴンという音を立て、そのまま転がっていきました。

「ああっ、せ、先生……これは、何の訓練ですか？」

まだそんなことを言ってくれるのかと驚きながら、私は「これは愛の授業だよ、弥生ちゃん」とうそぶきました。

「いろんなラブソングを歌うなら、いろんな愛を知らなくちゃ。男と女の快楽ってのは、奥が深いんだ。弥生ちゃんはいまが女の盛《さか》りだよね。だったらいまこそ女の悦びをしっかり味わっておかなくちゃ、歌い手としてもったいないよ」

「は、はい……先生……あはぁっ……がんばります」

アップにしていた弥生ちゃんの髪がほどけて、バラバラと床へ垂れ落ちました。

私はそんな弥生ちゃんの腰をひねって横倒しにしました。そして横臥位の格好でなおも抜き差しを続け、乳房をわしづかみにし、前屈みになって首筋に唇を吸いつけました。

私から見れば若いといっても、四十路の体はやはり完熟しています。むせ返るようなフェロモンが全身からムンムンとにおい立っていました。

帆のように立った片脚の先で赤いハイヒールが揺れ、その様が壁の大きな鏡に映って、すさまじいようなエロチシズムです。もともと弥生ちゃんは情感たっぷりに歌うのがうまいのですが、これなら確かにと思わせる、女としての説得力がありました。

ふだんのヌケたような印象はむしろ仮面のなせるわざで、その実体は酸いも甘いも嚙みわけた歴戦の女なのかもしれないと、初めて思ったのはこのときでした。

弥生ちゃんの体をさらにひねって正常位の体勢になると、私はまたドキッとさせられました。ぽってりとした唇に小さな団子鼻、目も大きくはなくけっして美人とはいえなかったはずの弥生ちゃんの顔が、とてもきれいに見えたのです。

往年の明菜ちゃんを模したキツめのメイクのせいもあるのかもしれません。が、ついさっきまでは確かにいつもの弥生ちゃんだったはずでした。

「妖艶」という言葉がぴったりの彼女の顔を見おろしながら、私はにわかに追い詰められていきました。

アソコの締まりもさらによくなっていました。まるで私の形にぴったり合わせてくれているみたいです。さらに下から抱きついてこられて唇を合わせると、すべり込んできた分厚い舌のいやらしさにめまいを起こしそうになりました。

「すごいや……いい歌が歌えるよ……あなたなら、絶対に」

心からそう言って、私はラストスパートをかけました。

もっと念入りに楽しみたい気持ちもあったのですが、もはや長くはもたせられそうになかったのです。

「ああっ、先生……イイッ、気持ちいいっ！」

「あなたこそすばらしいよ、弥生ちゃん……歌い手としても、女としても……うぅっ」

たまらず暴発してしまいそうになり、とっさに腰の動きを止めて歯を食いしばりました。ところが、弥生ちゃんが骨盤をグラインドさせるようにして腰を動かしつづけていて、逃がしてくれません。

弥生ちゃんもいよいよ極まっていたのでしょう。そのままブルブルとわななき、半開きの目をスウッと遠くして、唇の間から赤い舌をのぞかせました。

どうやら絶頂に達したようです。

それを察するのと同時に、私にも限界が訪れました。

「も、もう出すよ……弥生ちゃん……あぁっ、レッスンは、これで終わりだ」

「先生……イ、イッて……んんっ、弥生、またイクッ！」

甲高く言ってぐうっとのけぞり、腰を高く浮かせてきました。

「あはぁっ」

ひと際大きく叫んだ弥生ちゃんの尻がペチンと音を立てて床に落ち、その瞬間、私のイチモツがズルンと抜けて、先端から大量の白濁液が飛び散りました。

性行為をしたこと自体、私にとっては十数年ぶりのことでした。感無量の思いでしたが、六十代の自分の精液がこんなにも勢いよく飛んだということにもうれしさが込み上げました。

私の射出したものは、弥生ちゃんの下腹から乳房、一部は首元にまでかかっていたのです。

何から何まですばらしい体験だったとはいえ、近所の手前やっかいなことになったらまずいなと思っていたのですが、この出来事があった数日後、人づてに弥生ちゃんの再婚を知らされて心底から驚きました。

何度も書いているように、彼女はちょっとヌケているタイプだと思っていただけに、女のしたたかさをまざまざと見せつけられた気もします。思い返せば私などよりも彼女のほうが、ずっとじょうずにアバンチュールを楽しんでいたふしがありますから……。

いまでも弥生ちゃんの元気な歌声は健在です。

マンツーマンの指導こそ受けにくることはなくなったものの、相変わらず気合入りまくりの衣装をまとい、飲み会にまざって楽しそうに飛び跳ねながら歌っています。

ヨガの個人指導で体にふれられ感じた私講師の肉竿が股間を断ち割る快感に悶え

朝倉めぐみ　主婦・三十五歳

結婚してちょうど十年目の主婦です。子どもが二人いて、下の子が今年小学校に上がりました。

ばたばたとたいへんなことばかりの子育てもいち段落して、そろそろ自分の時間もつくれるようになって我に返ってみると、体重とスタイルがたいへんなことになっていました。

夫にも「ちょっとはやせたら」とか「食事控えたら」と言われます。

いつからかセックスもしてくれなくなっていました。もうずっとです。これまでは子育ての忙しさに意識していなかっただけで、気がつけばすっかりセックスレスだったのです。

これはいけないと駅前のスポーツジムに通ってみたのですが、もともとが運動嫌いの私ですから、マシンジムも水泳も長続きしません。そんなときにネットの広告を見て、ヨガ教室に通うことにしたのです。

もちろん、筋トレに近いようなエクササイズもありますが、それほどハードではなく、トレーニングというよりは、呼吸法と瞑想がメインの教室でしたので、運動嫌いな私にぴったりです。

それでやせて昔のスタイルが取り戻せて、また夫が求めてくれるようになるなら、願ってもないことでした。

でもあたりまえの話ですが、そんなにうまくはいきませんでした。体重は減る気配もありません。

講師の先生に相談すると、個人指導コースを受けてみればと勧められました。月謝は安くなく、講師は男性とのことで正直迷ったのですが、それでやせられるならと個人指導を受けてみることにしたのです。

どんなにハードかと身構えた私でしたが、講師は三十代くらいの優しそうな方で私好みのタイプだったので少し安心しました。内容はやはり呼吸法と瞑想でした。大切なのは筋トレではなく、体の隅々にまで意識を宿らせることだそうです。それができれば、やせるのも太るのも、スタイルのデザインまで自由自在なのだとか。

半信半疑ながらも先生の指導に従うことにしました。床に座って瞑想する私でしたが、背後に回った先生が、体を押しつけてきたのです。

「さあ、私の呼吸に自分の呼吸を合わせてみてください。できれば鼓動のタイミングも合わせられますか?」

そのとき着ていたのは先生も私もレオタードに近いトレーニングウェアでしたので、お互いの体がぴったりと密着しました。

これはセクハラじゃないかと思いながらも身をまかせていると、やがて先生の手が私の体をまさぐりはじめました。

「ここと、あと、ここの筋肉にも少し力が入ってますね。もう少し力を抜いて、リラックスしてください……」

もうはっきりと痴漢行為でしたが、久しぶりに誰かに体をさわられるのは心地よく、そのまま受け入れてしまったのです。

「あん……」

先生の手が胸にふれて、思わずエッチな声が出てしまいました。

それを承諾の合図と思ったのか、先生の手が、あらためて胸をまさぐりました。

「気持ちいいですか？　それは悪いことじゃないです。神経を研ぎ澄まして、感覚に身をまかせてみてください……」

背後から両手で持ち上げるように乳房が愛撫されました。

結構な巨乳だと自分では思っている、要するに自慢のおっぱいです。もっとも夫に言わせれば、巨乳というよりただのデブ、ということになるのかもしれませんが。

じんわりとした快感が全身に広がり、呼吸が少しだけ荒くなりました。

でも、先生の呼吸も私と同じように荒くなっていたので、結果的に、私たちの呼吸はぴったりと合っていました。

「頭のてっぺんから足のつま先まで、すべての細胞に意識を宿らせる、というイメージを持つんです……」

そう言われても、いまひとつピンとこないというか、頭では理解できても、そのまま実践できるというものではありません。

ふと、お尻に押しつけられた先生の下腹部の中央で、ペニスが勃起していることに気づきました。

「勃《た》ってるんですか？」

そう聞いてみました。

「ええ。勃起してますね」

悪びれもせずにそう答えられて、ちょっとムッとしました。もっとムードを出してくれたら、このまま抱き合ってもいいと思えるのに。

ちょっとした悪戯心を起こして、私は後ろ手を回して、先生の股間をまさぐりました。

「じゃあ、もっと気持ちよくしてあげます。気持ちよくなるのは、悪いことじゃないんですよね……」

トレーニングパンツの上から、勃起したペニスを逆手に握って、亀頭を刺激しました。久しぶりの感触でした。

先生の熱いため息が耳元にかかりました。亀頭もひと回り膨れ上がったような気がしました。感じてくれているようでした。

さわっているうちにどうしても見たくなりました。家では風呂上がりの夫や子どもたちのペニスはしょっちゅう目にしていますが、私に勃起してくれているペニスなんて、いつ以来見ていないでしょう。

私は身を起こして、四つん這いで先生に向き直りました。

「見ていいですか？　いいですよね？」

先生は何も言いませんでしたが、パンツを脱がせるときに尻を浮かせて協力してくれましたから、いやではなかったのでしょう。

ペニスが目の前で跳ねました。凶暴そうでかわいいペニスでした。私は指を絡ませて軽くしごくと、身を乗り出して唇をつけました。

チュッと音を立ててキスすると、舌を出して亀頭の縁をなぞるようにして舐めます。

口の中にわき出る唾液を、そのまま亀頭に塗りつけるようにして、舌を這わせました。

茎に垂れる唾液を絡ませた指で受け止めながら、ゆっくりしごきます。もう一方の手を玉袋に伸ばして、やわやわともみました。

うまく愛撫できると、ぴくんとペニスが反応します。私は上目づかいで先生の表情を確かめながら、フェラチオを続けました。

カウパー腺液がにじみ出して、塩味が舌先に感じられました。生ぐさいにおいが広がり、私の性欲に火をつけました。

「先生、私のも、気持ちよくしてくれますか？」

私が立ち上がると、ちょうど股間のあたりが先生の目の前に来ました。先生は私の腰を抱え込むようにして、股間に鼻面を突っ込んで深呼吸しました。

「メスのにおいがしますよ。好きなにおいです」

布地にもしみ出すくらい私のアソコは濡れていました。帰ったらすぐに洗濯しなくちゃと思いながら、私はレオタードを脱ぎました。

あらためて先生に向き直ると、片脚を担ぐようにされて、先生が再びそこに鼻先を埋めます。

「ああ……！」

いきなりのクンニリングスに、私は思わず喘ぎ声をあげてのけぞりました。

ほんとうにいつ以来でしょう。夫はセックスレスになるずいぶん前からアソコを舐めてくれなくなっていましたから、十五年くらいは誰にも舐められたことのないアソコでした。うれしさが込み上げて快感が増しました。

「ああ、気持ちいいです……!」

どうしようもなく足が震えてしまって、まともに立っているのもやっとでした。ふらつき、よろめく私を、先生が支えてくれました。私も先生の頭を両手でわしづかみにしてバランスをとりました。

こんなことなら、もっと一所懸命にヨガを体得しておくべきだったかもしれません。そうしたらもっとしっかりバランスをとれたでしょう。

クリトリスといわず膣口といわず、繰り出される舌が股間を舐め回します。やがて指が挿入されました。

「あああ!」

もういけません。激しい快感に今度こそ立っていられなくなって、私はその場にへたり込みました。

先生は、優しく私の体を床に横たえてくれました。

「ねえ、先生、キスしてください」

甘えるようにそう言うと、先生は私におおいかぶさるようにして、キスしてくれました。

お互いの性器を舐め合った口でキスをするのは、普通のキスよりずっと官能的でした。

交わし合う唾液にはお互いの性器の味が混じっていて、性臭がにおい立ちます。料理のおいしそうなにおいが食欲をそそるように、性臭が性欲をかき立てます。

先生の唇が私の唇から離れて、首筋に向かいました。熱い吐息に快感の鳥肌が立つのが感じられました。

先生の手が胸に伸びて、左右の乳房がもみしだかれました。

やがて先生は半身を起こすと、私の胸に顔を埋めるようにして、乳首にキスしてくれました。

「あん……！」

ただでさえ敏感な箇所です。それがさっきからの愛撫でよけいに敏感になっていました。

先生は舌先で乳輪をなぞるように舐めると、乳首を口に含みました。ちゅうちゅうと音を立てて吸い立てます。

子どもに授乳したときのことを思い出して、先生へのいとしい気持ちが込み上げました。

「ああ、気持ちいい……」

私は、先生の頭に腕を回して抱き抱えました。

先生が再び身を起こして、今度は下半身に向かいました。私の上に逆向きにおおいかぶさるようにして、クンニリングスを再開しました。

シックスナインの体勢でした。目の前にペニスがあり、ぶら下がる陰嚢が揺れていました。

「いっしょに気持ちよくなりましょう」

言われるまでもなく、私は目の前のペニスにむしゃぶりついていました。

そのまま横向きに寝転がり、お互いに相手の内腿を枕にして、フェラチオしながらクンニリングスされます。私たちは呼吸を合わせて快感を共有しました。

いつまでもこうしていたいと思いましたが、早くこのペニスを突っ込んでほしいという気持ちもありました。

「ねえ、先生、そろそろ……」

とうとう入れてほしいという思いが勝って、私はそう言いました。

先生は私をあおむけに寝転ばせ、開かせた両脚の間に身を割り込ませてきました。手を添えたペニスが股間に押しつけられます。亀頭の先端が陰唇をかき分け、膣口を押し広げて侵入してきました。

「はぁああ……！」

夢にまで見た瞬間でした。ペニスが自分の肉体に割って入ってくる感覚は、ほんとうに好ましいものでした。

「ああ、うれしい。気持ちいい……」

私は身悶えしながら、先生に抱きつきました。先生も優しく抱き締めてくれました。

先生はそのまま私を抱え上げるようにして、身を起こしました。胡坐《あぐら》をかいて座る先生に跨る格好になりました。

「ああ……！」

体位が変わると、膣内のペニスの位置が微妙に変わり、快感の質も変わります。腰をくねらせると、ペニスがいい感じで膣内をこすりました。

「これも、気持ちいい……」

私は夢中になって腰をくねらせました。どの角度でこすれば気持ちいいかを探りながら、腰を浮かせては沈ませる動きを繰り返しました。

そんな自分が少しはしたなく思え、恥ずかしさをごまかすために、先生に抱きついてキスしました。

重心が崩れて、そのまま先生を押し倒す格好になりました。座位が騎乗位に変わったことで、また膣内のペニスの位置が変わりました。

「ああん……！」

そして、これはこれで気持ちいいのでした。私のアソコはどこまでどん欲なのでしょう。自分でもあきれてしまうほどでした。

私は尻を振り立てて快感をむさぼりました。自慢の巨乳が、ぶるんぶるんとダイナミックに揺れました。

先生は手を伸ばしてまた乳房をもみ、乳首を指でつまんで愛撫してくれました。

股間と胸と、生み出される快感が混然となって、私を夢中にさせました。体力の続く限り、このまま先生に跨って腰をくねらせ、尻を振り立てていたい、そう思いましたが、先生が私の動きを制しました。

私は思わず先生の顔を見おろしました。何か考えがあるようでした。

「今度は私が上になってもいいですか?」

そう言って、先生が身を起こしました。もちろん否はありません。今度は私は床に寝そべって、先生がおおいかぶさる体勢になりました。

もちろんペニスは膣内に挿入されたままの状態をキープしていました。

正常位になって、さあ、どれだけ激しく責め立ててくれるだろうと期待に胸を高鳴らせた私でしたが、意に反して、先生は腰を突き入れることなく、私の唇にキスをして、優しく体を抱き締めたのです。

もちろん、これはこれで素敵です。私も下から先生に抱きつきました。肉体と肉体が密着します。

「さっきと同じことをやってみましょう。私の呼吸に自分の呼吸を合わせてみてください」

先生がそう言いました。まるで、先生にとってはセックスまでが講座の続きのようで、私はなんだかちょっと不満でしたが、それでも、そう考えれば浮気の罪悪感がなくなるのも確かでした。

「自分だけの快感じゃなくて、お互いの呼吸を合わせれば、もっと気持ちよくなれますよ」

先生がそう言って、私の胸に自分の胸をさらに密着させました。先生の呼吸と、鼓動が感じられました。

そんなものだろうか。半信半疑でしたが、言われたとおりに深呼吸で相手に合わせていくと、特に何をされたわけでもないのに、子宮の奥からじわじわと快感の波がやってくるのが感じられました。

「あ、何？　何か来る。気持ちいいのが、来ます。あ、あああ……！」

初めての体験でした。性器とその周辺だけではなく、全身が快感に包まれました。全身が性感帯になったみたいでした。

この状態で膣内をペニスで突かれたらどうなってしまうだろうか。想像すると恐ろしいくらいでしたが、それでも期待しないわけにはいきません。

「先生……」

視線が絡み合い、私の思いは先生に伝わったようでした。ひと呼吸おくと、先生は腰に体重を乗せて、深々と突き入れてくれました。

「ひぃいいい！」

あまりの気持ちよさに長々と悲鳴をあげてしまいました。鉄の杭《くい》のように硬く強張ったペニスが、私の膣内の肉を押し広げて蹂躙《じゅうりん》します。

先端が最奥部に達し、そこから引き戻されました。それがまたすごいのです。ひさしのように広がった亀頭の縁が、鋭利な刃物が肉を削り取る勢いで膣内をこすりました。

「ああ、そんな……そんな……。すごすぎます。ちょっと待って。お願い。待ってください……！」

あまりに強すぎる刺激に私は身をよじって逃《のが》れようとしましたが、先生に肩を押さえられてそれはかないませんでした。

「はう……！」

間髪入れず、二度目の突きが繰り出されました。

息が止まるほどの衝撃が子宮から脳天にまで届きました。

「あああ……」

このまま気を失ってしまうんじゃないかと思えるほどの快感でした。セックスってこんなにも気持ちのいいものだっけ？　思わず自問します。

どう考えても、いま味わっているのは、これまでの人生で経験したどんなセックスとも比べ物にならないくらいの気持ちよさでした。

そして、こんなに気持ちのいいことから私を遠ざけた夫に対して、あらためて恨《うら》めしく思いました。

先生が腰を引き戻し、また内壁がこすられます。そしてまた突き入れられる。待望のピストンが始まりました。膣内が滅茶苦茶にかき回されます。

「ああ、気持ちいい……！　すぐにイッちゃいそう！」

喘ぎながら口走る私に、先生はピストンをゆるめることなく微笑みかけました。

「イクときはいっしょです。同時にイキましょう」

もちろんそれができれば素敵なことですが、そんなにうまくいくものではありません。

「大丈夫です。呼吸を合わせればいいんです」

そう言いながらも、先生の腰は突き戻しを繰り返していました。快感はどんどん増して、絶頂はもう目の前でした。

それもただの絶頂ではありません。快感は膣内にとどまらず、全身性感帯状態が続いていましたから、先生と密着している箇所はもちろん、いまや床に接する背中までが気持ちいいのです。

そして、それらすべての快感が、頂点を目指して快感曲線を駆け上っているのです。ただの絶頂ですむはずがないという予感がありました。そしてその予感は、すぐに現実のものになりました。

「ああ、イク、もうイキます……！」

「私もイキそうです。さあ、いっしょにイキましょう」

膣内でペニスが膨張するのがわかりました。次の瞬間、亀頭が暴発するように射精して、膣内に熱い精液がほとばしるのが感じられました。

「あああ……！」

頭の中が真っ白になり、どこからか誰かの絶叫が聞こえました。その、野生の獣の断末魔かと思えるほどの荒々しい叫び声が、自分の口から出ていることに気づくのに、数秒はかかりました。

背筋が弓なりにのけぞって硬直し、全身ががくがくと激しく痙攣しました。全身の細胞が快感をむさぼっていました。すべての細胞に意識を宿らせるというヨガの極意が、ほんの少しだけわかったような気がしました。

いまでも週に一度、個人指導を受けています。相変わらず体重は減りませんし、夫とはセックスレスですが、別にどうでもよくなっています。指導のたびの、最高に気持ちいい先生とのセックスで、私は十分満足しているのです。

スイミングスクールで元カノの母と再会
グラマラスな肉体に焦がれた思いを発射

三上駿也　インストラクター・二十七歳

ある地方都市のスイミングスクールで、インストラクターをしています。

去年の十二月、ある女性が入会してきて、ほんとうにびっくりしました。

なんと、学生時代につきあっていた元カノの母親・清美《きよみ》さんだったんです。

五年ぶりに再会した彼女は四十路を超えていましたが、相変わらずの美貌に胸がときめきました。

どうやら家を新築し、スクールの近くに引っ越してきたとのこと。

元カノは東京でがんばっているらしく、話自体は弾んだものの、私の視線は清美さんの豊満な体ばかりに注がれていました。

なんとかできないかなと期待していた私に、思わぬチャンスが舞い込みました。

その日は朝から大雪に見舞われ、早い時間にネットで営業中止の告知をし、私とインストラクター仲間は会員さんたちからの確認連絡に追われていました。

午後に入ってようやく落ち着き、私も帰り支度《じたく》をととのえて館内をあとにすると、清美さんが歩きでこちらに向かってくるではありませんか。

「あら……やっぱり、今日の営業はないのかしら?」

「ええ、ネットに告知したんですけど……」

中止の旨《むね》を告げると、美熟女はにっこり笑って答えました。

「ああ、やっぱりそうだったのね。あたし、あまりネットは見ないから。家も近いし、買い物のついでに寄ってみたのよ」

「そうだったんですか」

「あなたは、これから帰るの?」

「ええ、よかったら、つきあいますよ。雪道、危ないですし」

これ幸いと申し入れると、彼女は快く了承してくれました。

「いちおう、服の下に水着を着てきたんだけど、むだになっちゃったわね」

水着姿を妄想しただけで股間が熱くなったのですが、もちろん下心はおくびにも出しません。

買い物をすませ、清美さんを自宅まで送り届けると、玄関先で期待どおりの言葉をかけられました。

「コーヒーをいれるわ。ちょっと、寄っていきなさいな」

「は、はい！」

待ってましたと喜びに打ち震え、性のパワーがフルチャージされた瞬間でした。

「あの子、わがままだからたいへんだったでしょ？　東京に行ってデザイン関係の仕事がしたいなんて言い出して、私たちもほとほと困ったわ」

「そういう話はしてたんですよ。夢があきらめられなかったんでしょうね」

世間話をしながらも、私はキッチンに立つ清美さんを目で追っていました。

清潔感に満ちたボブヘアに涼しげな目元、すっと通った鼻筋にふっくらした唇。清楚《せいそ》な雰囲気も魅力的なのですが、グラマラスな肉体とのギャップが男心をくすぐるんです。

見た目は三十代前半にしか見えず、ドンと突き出たバストと張りのあるヒップに股間の逸物がピクリと反応しました。

性欲のスイッチが入ってしまったのか、海綿体に大量の血液が流れ込み、狂おしさを覚えるほどの欲望が全身に吹き荒れました。

「おまたせ」

「す、すみません」

そのあと、二十分ほど話をしたでしょうか。

清美さんからは甘いにおいがただよい、目にすればペニスが疼き、なかなか顔を合わせて話すことができませんでした。

「どうしたの？　なんか顔が赤いし、妙にキョトキョトしてるけど……」

「そ、それは……」

迷いに迷ったのですが、これはチャンスなのではないかと思いました。

常識で考えれば、元カノの母親に告白するなんて掟破《おきて》りの何ものでもありません。はたして、清美さんはどんな態度を見せるのか。

最悪の場合は軽蔑《けいべつ》され、スクールを辞めてしまうかもしれない。不安の影が忍び寄るも、内から迸る感情は抑えられませんでした。

「あ、あの……ず、ず、ずっと……初めてお会いしたときから……好きでした」

「……え?」

沈黙の時間が流れ、緊張と気まずさに押しつぶされそうになりました。

「たぶん、娘さんも気づいてたんじゃないかと思います。それが、別れを決めた最大の理由じゃないかと……」

「そんなことは、ひと言も言ってなかったわよ……困るわ」

「す、すみません! どうしても、自分の気持ちに嘘はつけなくて……」

彼女は見るからに動揺しており、これは脈なしかなと思いました。

「ごめんなさい……あの、帰ります」

急に恥ずかしくなり、ソファから腰を上げて謝罪すると、清美さんも立ち上がりました。

彼女は無言のままでしたが、いつの間にか頬が赤らみ、目もしっとりうるんでいるではありませんか。

これはいけるのではないかと、都合のいい思い込みにとらわれ、あろうことか、彼女を思いきり抱き締めてしまったんです。

「……あ」

「好きです！　好きなんです」

「ちょっ……待って……あなたは、娘の元彼なのよ」

「わかってます！　でも、どうしても清美さんのことが頭から離れなくて。再会したのも、きっと運命じゃないかと思うんです！」

いまにして思えば、まるで駄々っ子ですよね。

清美さんは抵抗していたのですが、やがて体から力が抜け落ちました。この機を逃してはならないと唇を奪い、昂った股間をぐいぐい押しつけたんです。

「ン、ン、ンむぅ」

体温が急上昇し、熱い吐息が口の中に吹き込まれました。

セーター越しの胸のふくらみの、なんと柔らかかったことか。

彼女の体はガチガチの状態でしたが、背中やヒップをなで回していると、舌がかすかにくねりました。

私は舌を絡め、頬をすぼめてチュッチュッと吸い立てたんです。

激しいベロチューで性感を高め合うなか、清美さんの手が腰に回り、凄まじい高揚感が身をおおい尽くしました。

彼女が自分を受け入れてくれたと確信したことで、ペニスはなおさらいきり立ち、もはや雨が降ろうが槍が降ろうが欲望を止めることはできませんでした。

「……いけない人ね」

長いキスが途切れると、清美さんは溜め息混じりにつぶやきました。

「でも、嘘じゃないんです」

「あの子に顔向けできなくなっちゃうわ」

「ごめんなさい……あ」

細長い指がズボンの中心をまさぐった瞬間、快感が背筋を這いのぼり、危うく射精しそうになりました。

恋い焦がれた美熟女が、布地越しとはいえ、積極的に男の分身をいじり回しているのですから、一瞬にして理性のタガが吹き飛びました。

「すごいわ……こんなになって」

「はあはあ、清美さん……そんなにいじったら……出ちゃいますよ」

「何言ってるの、だめよ」

「み、見せて……ください」

「え？」

「清美さんの水着姿」

すがるような目で懇願すると、彼女は甘くにらみつけました。

「いつも見てるじゃない」

「間近で、じっくり見たいんです！」

「まったく……まさか、あなたがこんなにエッチだとは思わなかったわ。てっきり、まじめな子かなと思ってたのに」

「お願いします！」

清美さんは溜め息をついたあと、セーターをインナーごと頭から抜き取り、パンツのホックをはずしました。

そして布地を引きおろし、目と鼻の先で水着姿を披露《ひろう》してくれたんです。

紺色のワンピース水着はハイレグ仕様で、胸の谷間をくっきり刻んでいました。

「ああ、すごいです」

「そんなにじろじろ見ないで……恥ずかしいわ」

「隠さないでください」

清美さんは右腕で胸を、左手で股間をおおいましたが、私は鼻の穴を押っ広げて制しました。

砲弾状に突き出たバスト、こんもりした恥丘のふくらみ、生白い鼠蹊部と生唾を飲み込むほどのグラマーな肉体にペニスはそり返るばかりでした。

「さ、さわって……いいですか?」

「だめ、見るだけよ……あっ」

おかまいなしに胸のふくらみをわしづかみにすれば、指を押し返す弾力感に口元がほころびました。

「いや、いやっ」

言葉では拒絶しながらも、清美さんは切なげな表情で腰をくねらせるんです。

当然とばかりに、今度は股のつけ根に手を伸ばし、ふっくらした恥丘に指をすべらせました。

「だめだったら……あンっ」

そっとなでつけただけで、細いクロッチが湿り気を帯《お》び、昂奮のボルテージがレッドゾーンに飛び込みました。

彼女も、気持ちよかったのでしょう。股布にシミがうっすらにじむころ、手が私の股間に伸び、ジーンズのホックをはずしました。

「自分ばかり……ずるいわ」

「あ、うっ！」

ウエストから手を差し入れられ、勃起をじかに握られると、心地いい快感が身を貫きました。

「すごい……コチコチだわ」

「はあはあ、そ、そんなにしごいたら、出ちゃいますよ」

「うふン、だめよ」

艶《つや》っぽい声に背筋がゾクゾクし、自制心が粉々に砕け散りました。

私は清美さんをソファに押し倒し、足をこれ以上ないというほど広げ、女の中心部に熱い眼差しを注ぎました。

「あぁン、だめっ！」

「隠さないで！」

クロッチが股間にぴっちり食い込み、脇からはみ出した生白い大陰唇のなんと悩ましかったことか。

性のパワーを爆発させた私はV字の布を引き絞り、割れ目にはめ込んだんです。

「あ、やンっ！」

「お、おおっ」

陰毛は剃《そ》っているのか、のっぺりした肉土手が目をスパークさせました。

続いてクロッチをめくると、肉厚の小陰唇がのぞき、鼻息が自然と荒くなりました。

布地のシミはどんどん広がり、彼女自身もかなり昂奮していたようです。

豊満なヒップを揺すり、目は完全にとろんとしていました。

「あンっ、やンっ、く、はぁっ」

私は股布に浮かんだ小さな突起をいじりながら、もう片方の手でズボンとトランクスをおろし、フル勃起したペニスを剝き出しにしました。

亀頭はすでに我慢汁で溢れ返り、下着の裏地もベタベタの状態でした。

「あ、ぐわっ」

細い指先が胴体に絡みつくと、私は手の動きを止め、身を起こしました。

濡れた唇を舌先でなぞるエロい表情は、いまでも忘れられません。

「たっぷり、お返しさせてもらうから」

シャツとインナーを自ら脱ぎ捨てたところでソファに押し倒され、清美さんは股間に顔を埋めて裏茎に舌を這わせました。

「お、おおっ」

「ふふっ、ちょっとしょっぱいわ。でも……体格のいい人って、オチ○チンもやっぱり大きいのね」

陰嚢から亀頭まで唾液をまぶされ、ねちっこいフェラチオが繰り返されました。

「ああ、ああ、ああ」

脳みそが爆発するのではないかと思うほどじらされ、私はおねだりするように盛んに腰をくねらせました。

ペニスを咥え込まれただけで射精しそうになり、顔を真っ赤にして力んでしまったほどです。

フェラチオがこれまたすごくて、口の中を真空状態にさせ、猛烈な勢いですすり上げるんです。さすがは人妻だと心の中でうなりましたが、顔を左右に振ってきりもみ状の刺激を与えてきたときは思わず臀部をバウンドさせました。

「は、おおおぉおっ！」

あのときは顔をひきつらせ、低い雄叫《おたけ》びを盛んにあげていたと思います。

バキュームフェラにとても耐えられず、なんとか窮地を脱しようと、私は掠《かす》れた声で訴えました。

「き、清美さん！　清美さんのも舐めさせてください！」

すると彼女は身を回転させ、シックスナインの体勢から私の顔を跨ぎました。

いつの間にかクロッチが脇にずらされ、愛液にまみれた肉の花が目の前にさらけ出されたんです。

包皮から顔をのぞかせたクリトリス、鶏冠《けいかん》のように突き出た肉びら、かすかにうねるとろとろの内粘膜。ふしだらな熱気に甘ずっぱさとナチュラルチーズのにおいが鼻をつくと、牡の本能が全開になりました。

「う、ふンっ」

脇目も振らずにかぶりつくや、ヒップがぶるんと震え、ペニスへのおしゃぶりも自然と弱まりました。

愛液の湧出《ゆうしゅつ》は尋常ではなく、源泉のように溢れ出し、私は無我夢中で舐めすすりました。

そしてクリトリスに狙いを定め、口に含んでコリコリと甘噛みしたんです。

「い、ひっ!」

清美さんは口からペニスを吐き出し、奇妙なうめき声をあげました。

攻守交代とばかりに責め立てるなか、ヒップの打ち震えがじょじょに大きくなり、甘え泣きが耳に届きました。

「いやっ、いやっ、いやぁぁっ」

このまま、エクスタシーまで導こうか。そう考えた瞬間、熟女はヒップを浮かし、身を反転させて私の腕を引っぱりました。

「入れて!　もう入れてっ!」

怒っているような顔つきでしたが、もちろん拒否する理由はありません。

彼女があおむけに倒れ込むと同時に、大きく開いた足の間に腰を割り入れました。

「ははあ……入れますよ」

「早く、早くっ！」

亀頭の先端を割れ目に押し当てれば、腰がくねり、ペニスは手繰《たぐ》り寄せられるように膣内に招き入れられました。

「あ、くっ、イックー！」

なんと、清美さんはペニスを入れただけでアクメに達してしまいました。

旦那さんが単身赴任ということで、よほど欲求が溜まっていたのかもしれません。熟女の肉洞はすっかりこなれており、強くも弱くもなく締めつけてきて、まさにペニスがとろけそうな快感を与えました。

あまりの気持ちよさに我慢できず、私は初めから腰をガンガン打ち振り、熟女は甲高い声をあげつづけました。

「ああ、いいっ、いいっ、イッちゃう、またイッちゃう！」

「き、清美さん……そんなに腰を動かしたら、ぼくも我慢できませんよ」

「いいわ、イッて、中に出して！」

「い、いいんですか？」

「いいの！　あ、あぁぁンっ」

中出しの許可を受けたとたん、性欲が暴風雨のごとく荒れ狂い、歯を剝き出して腰をしゃくりました。そして、とうとう射精寸前まで追い込まれたんです。

「ああ、イクっ、イクっ」

「私もイキそう、あ、あ、やっ、やぁあぁあっ！」

精液を膣の中にたっぷり出したあと、清美さんにのしかかり、彼女は私の髪を優しくなでてくれました。

そのあとはさまざまな体位から二回もしまして、彼女は乱れに乱れていました。

実は元カノもすごいスケベで、もしかしたら母親もという期待は頭の隅にあったんです。やっぱり、親子の血は争えないですね。

スポーツクラブでチラ見する男性を誘惑
汗臭にまみれたウェアを着たまま生ハメ

吉田佳澄　主婦・三十四歳

私は主婦仲間に誘われ、とあるスポーツクラブの会員になりました。あまり運動の経験はないのですが、キャンペーンで料金が安くなっていたこともあって、軽い気持ちで誘いに乗ったのです。

私を誘った二人の仲間は、長いこと会員になっているベテランです。わからないことがあっても自分たちが教えるので安心していいと、そう言ってくれました。

入会の初日、とりあえずTシャツとハーフパンツを揃えてスポーツクラブへ行きました。入会手続きをすませると、そのまま仲間といっしょにロッカールームで着がえです。

すると着がえを終えた二人の姿を見て驚きました。上半身は派手なビキニタイプのスポーツウェアに、下半身はお尻の形も露なレギンスだったのです。

「ちょっと何、その格好。二人とも大胆すぎない?」

「そっちこそ、そんなダサい格好で人前に出るの?」

私たちはお互いに目を丸くしていましたが、言われたとおり女性たちは皆肌の露出が多いスポーツウェアばかり。それに比べ私は学生の部活動のような格好で、逆に恥ずかしい思いをしました。

二人が言うには、こうした格好もスタイルをよくするためのモチベーションにつながるようなのです。確かに彼女たちは運動をしているせいでスタイルはいいし、表情も輝いて見えます。

さらに彼女たちがつけ加えたのが、この一言でした。

「それにね、こういう格好だと男の人たちからも注目されるのよ」

実際、私たちがトレーニングをしていると、近くを通り過ぎる男の人たちは決まって彼女たちばかり見ていました。それも下心丸出しでジロジロと胸やお尻を眺めています。

ところが彼女たちはそれをいやがっていないどころか、むしろ見られることを喜んでいるようなのです。

「ねえ、恥ずかしくないの？　あんなにジロジロ見られて」

「ちっとも。そのうちあなたもわかってくるから」

そう言って、まったく意に介さないので私は不思議に思いました。

家に戻った私は、さっそく二人を見習って同じようなスポーツウェアを注文しました。せめてダサいとは言われないように、がんばって胸もお尻もしっかり形を見せたものです。

最初のうちはやはり恥ずかしかったものの、慣れてくると人の視線も気にならなくなりました。それどころか男の人から注目を浴びるようになると、不思議と心地よくなってきました。

私は自分の変化に驚きつつ、ようやく二人が言ったことが理解できるようになりました。男の人に見られることで自信がつき、もっと見てほしいという気持ちが芽生えてきたのです。

そうなるとスポーツクラブへ行くのが楽しみになり、二人に誘われなくても一人だけで行くようになりました。

そんなある日のことでした。たまたま一人でクラブへ来た日にランニングマシーンで走っていると、どこからか視線を感じました。

振り向くとやや離れた場所にあるランニングマシーンから、一人の男性がじっと私を眺めています。

私と目が合うと、男性はあわてて視線をそらしました。

彼は二十代前半ぐらいの気の弱そうな青年で、よく私たちの姿をのぞき見していた人です。私たちはそれに気づきつつも、知らんぷりをして見られるのを楽しんでいました。

いつもであれば気にせずランニングを続けながら、好きなだけお尻を眺めさせてあげたところです。

しかしこの日は私一人だけだったので、かなり大胆な気持ちになっていました。ランニングを中断して彼に近づき、こちらから声をかけたのです。

「こんにちは」

「あっ、は、はい。こんにちは」

彼は私から話しかけられると予想していなかったのでしょう。声を上擦らせて明らかに動揺していました。

「いつも私たちのこと見てるでしょう？　ちゃんと知ってるのよ」

私がそう言うと、彼はすぐさま「すみません」と頭を下げて謝りはじめました。

その反応に私はおかしくなり、笑顔で注意をしにきたのではないと伝えました。

「今日はここで走ってあげるから、好きなだけ見てもいいわよ」

と、彼のすぐ目の前にあるランニングマシーンで走りはじめたのです。

こうすれば彼は特等席で私のお尻を眺めることができます。いつも遠くからこっそり眺めることしかできない彼に、ちょっとしたサービスのつもりでした。

私のお尻はちょっと大きめで、鏡で見るとレギンス越しにはっきり形がわかります。男の人はこういう姿が好みだということも、もちろん知っていました。

なんだかすぐ近くで見られていると思うと、ふだんよりもずっといやらしい気持ちになってきました。

たっぷり汗をかくまで走ると、彼も私のお尻を堪能したのでしょう。少し照れくさそうに「ありがとうございました」と満足そうでした。

ほんとうはこれだけで終わるつもりでしたが、ウブそうな彼の態度に女の本能が目覚めてしまいました。久しくセックスをしていなかったこともあり、体の疼きが抑えられなくなってきたのです。

「ねえ、これから暇？　だったら帰りに少しだけつきあってくれない？」

私の強引な誘いに彼は目を丸くしていましたが、断るつもりはなさそうです。

着がえを終えて待ち合わせをし、そのまま私の車に彼を乗せました。

見知らぬ男の人を逆ナンパしたのも、もちろん初めての経験です。こんな大胆なまねができるほど、私はセックスに飢えていました。

「これからどこへ行くかわかる？」

彼は黙っていましたが、おおよその行き先はわかっていたはずです。

その証拠に私がラブホテルまで車を走らせて中へ入ると、おとなしくついてきてくれました。

彼はこういう場所は初めてだったようで、ガチガチに緊張しています。私は一目で彼が童貞であることも見抜いていました。

「ほら、早く脱いで。服を着たままじゃできないでしょ」

「あっ、はい」

部屋に入っても突っ立ったままの彼は、私に言われてあわてて服を脱ぎはじめました。

それを見て私も、彼の目の前で服を脱いでいきます。もちろん彼に見せつけるためで、彼も喜んでくれると思っていました。

なにせスポーツクラブに通いはじめてから、目に見えてスタイルもよくなってきました。体重も減って腰のくびれが出てきただけでなく、お尻もキュッと引き締まってきたからです。

いったいどういう反応をしてくれるか、ワクワクしながら下着も脱いで全裸になってみせました。

「どう？　私の体、ずっと見たかったんでしょう」

胸もあそこも堂々とさらけ出してみせると、彼はまじまじと私の体を眺めていました。

しかし意外と反応が薄いというか……もっと大喜びしてくれると思ったのです。それなのに物足りない様子なので、こっちは「どうして？」と疑問に思ってしまいました。

「あの、実は……お願いがあるんですけど。走っていたときに着ていたウェアを、もう一度着てもらえませんか」

彼の遠慮がちなお願いに、私はキョトンとしてしまいました。

そう、彼はスポーツウェアフェチだったのです。裸よりもあの格好に興奮するらしく、だからいつも私たちのことを眺めていたのでしょう。

せっかくシャワーも浴びて着がえてきたのに、また汗で濡れたウェアを着るなんてちょっといやでした。しかしせっかくここまで連れきた彼の望みとあれば仕方ありません。

私が荷物から取り出したウェアにもう一度目の前で着がえてあげると、彼の目がみるみる輝くのがわかりました。

「ほんとうにこの格好のままでいいの？　すごく濡れてるし汗くさいのよ」

「はい、ああ……いいにおいです」

彼はベッドに横になった私の胸元に顔を押し当てながら、クンクンとにおいをかいでいました。

こんな間近で体臭をかがれるなんて恥ずかしい気もしますが、なぜか私まで少し興奮してきました。

彼のペニスはすでにはちきれそうなほど勃起しています。片手で彼の頭を胸に抱きながら、もう片方の手でそっと握り締めてあげました。

「ううっ……」

軽くさすっただけで、彼は気持ちよさそうな声を出しています。

夫以外のペニスをさわったのも久しぶりなので、つい手がいやらしく動いてしまいました。指を絡めながらクリクリと先っぽを弄《もてあそ》んでいると、ますますペニスは硬くなってきました。

今度はそのお返しとばかりに、彼も私の体をまさぐりはじめました。

といっても彼の手はウエアの上から胸やお尻をなでるだけです。レギンスを脱がせて直接あそこをさわってはくれませんでした。

彼にとってはウエアを脱がせるよりも、この格好でいてもらうことのほうが大事なのでしょう。

せっかく着がえてあげたのに、そこが私にはじれったくて物足りなくなってきました。どれだけ体をまさぐられても、あそこはずっと疼いたままなのです。

我慢できなくなった私は、大胆なことをしてみました。彼をベッドに寝かせたまま、顔の上に腰を落としてあげたのです。

「どう？　こうするともっと興奮するでしょう」

レギンスの股間をグリグリと押しつけると、彼はとてもうれしそうに顔をこすりつけていました。

きっと彼にはたまらない眺めだったでしょう。汗もたっぷりしみ込んでいたので、においも喜んでくれたはずです。

彼が顔をあそこに埋めている間、私はペニスに顔を近づけていました。

シックスナインのかたちで体を重ね合わせると、そのまますっぽりと唇にペニスの先を呑み込みます。

すると彼は「ううっ」と声を洩らしながら、腰をもじもじと動かしはじめました。

どうやら彼にはフェラチオも相当な快感だったようです。こういうことをされるのも初めてでしょうから、刺激に慣れていないのも無理はありません。

そこで私はあまり激しくせずに、まずはじっくりと舌でペニスをねぶってあげることにしました。いきなり強く吸ってしまうと、それだけで射精してしまうかもしれません。

舌を動かしながらゆっくりと顔を上下させ、深く呑み込んでいきます。口の中からペニスが逃げないように、しっかりと唇も締めつけています。

そうしながら少し腰を浮かせ、レギンスをお尻の下までずらしてあげました。全部脱がなかったのは、こうするほうが彼は喜んでくれると思ったからです。

あそこがギリギリ見えるだけずらしてから、もう一度顔に近づけました。

「ほら、ここ、すごく濡れてるでしょう。見える?」

「あ、はいっ」

私のあそこが濡れているのが、彼にもわかったようです。

すぐ間近で見られていると思うと、ますます興奮してきます。こんなに大胆なポーズで見せつけたことなんて夫にもありません。

ここまでしてようやく彼もお尻に顔を埋め、あそこに舌を這わせてきました。

「あっ、あんっ」

いきなり襲ってきた快感に、今度は私が声をあげてしまいました。

彼の舌はあそこに沿って遠慮がちに動いているだけです。それなのに舐められるたびに、気持ちよさで喘いでしまいます。

こうなると私も負けていられません。さっきまではフェラチオも手加減をしていたのですが、本気でペニスを吸い込んでいました。

しばらく私たちは夢中になってお互いの股間を舐め合いました。

いつの間にか彼は舌の使い方も覚えたようです。私がクリトリスを舐められるたびにお尻をくねらせるので、そこを念入りに責めてくれました。

「ああっ、ダメ、そんなに……」

ついさっきまでリードしていた私が、とうとう快感で我を失いかけていました。

もうこれ以上は待ちきれなくなり、自分からシックスナインを止めて彼の腰を引っぱり込みました。

「そのまま入れて。お願い、何もつけなくてだいじょうぶだから」

コンドームもベッドの手の届く場所にあったのですが、そんなものを準備している余裕さえありません。欲求不満が爆発していたので、すぐにでも彼のモノが欲しかったのです。

彼も我慢できなかったのか、ためらいもせずにペニスをあそこへ押し当てると、一気に突き刺してきました。

「ああっ……！」

待ちに待った瞬間でした。私は思わず大きな声で叫び、ベッドの上でのけぞりました。

深くペニスを挿入した彼は、腰を密着させうっとりとした顔をしています。よほど刺激が強かったのか、しばらく動けないようです。

「どう？　気持ちいいでしょう」

「は、はい……」

私は彼の顔を見つめながら、ものすごくうれしくなってしまいました。

やはり女として自分の体に満足してくれるのは、なにより幸せな気分になれるものです。しかもその相手が童貞の男の子とあればなおさらです。

私は彼とつながったまま、もっといい思いをさせてあげようと、両足をしっかり腰に絡めました。

そうするとより強く体が密着し、あそこもキュッと締まるはずです。

「あっ、うわっ」

今度は彼が女の子のように声をあげました。

まだほとんど動いてもいないのに、もうイキそうな顔をしています。

「だいじょうぶ？　このまま出さないでがんばれる？」

「はい……まだ、なんとか」

どうやら彼は思っていた以上に我慢強いようです。さすがに入れただけで射精してしまうのは、みっともないと思っているのでしょう。

私は、そんな彼がますます愛おしくなり、絡めていた足の力をゆるめてあげました。

「じゃあ、あとは好きに動いていいから。我慢できなくなったら、いつでもイッていいのよ」

そう言ってあげると、すぐさま彼の腰が動きはじめました。

「あっ、ああんっ」

再び快感が押し寄せてきて、私はとっさに彼の両手を握りました。

すると彼も握り返してきたので、自然とラブラブなカップルのセックスみたいになってしまいました。

夫と味気ないセックスばかりしてきた私は、こういうことも久々でした。つい浮気であることも忘れて、本気で彼と愛し合ってしまいそうです。

もう私は抑えがきかなくなり、強引に彼の唇まで求めてしまいました。

下から抱き寄せて無理やり舌を絡めながら、下半身は逃げられないように密着させています。

「ンンッ、ああ……もっと動いてもいいのよ」

私がそう言っても、まだ彼は射精したくはないようです。それとも私をできるだけ長く楽しませようと思っているのかもしれません。

彼はぎこちないながらも必死になって腰を振り、それにハァハァとせわしなく呼吸をしています。

だんだんと私は快楽を求めるよりも、早く彼を楽にさせてあげたい気持ちが勝ってきました。

「お願い、中に出して」

できるだけ色っぽく、そして彼がその気になるようにおねだりをしてみます。

「でも、そんなことをしたら……」

「いいのよ。欲しいの、あなたの精子が」

すると彼の腰が一瞬、ビクッと大きくふるえました。

「あっ、ダメだ。出ちゃいます」

それを聞いた私は、今度こそしっかりと彼の腰を引き寄せ、けっして離しませんでした。

彼は「ああっ!」とうめき声を出すと、強く体重をかけてきます。

あそこの奥で、ペニスが爆発しているのがわかりました。よっぽど溜まっていたらしく、何度も何度も跳ね上がっています。

しばらくするとつながったままのあそこの中から、生温かい精子が溢れ出してきました。

射精が終わると、彼は大きく息を吐き出しました。満足したことが表情にもあらわれています。

「すごく気持ちよかったです。もう最高でした」

それが私にはなによりもうれしい一言でした。

「もう一回する? まだ時間はたっぷりあるから」

このまま終わるのはもったいないと思い、出したばかりの彼にそう聞いてみました。

すると彼ははにかんだ笑顔で、二度目を求めてきたのです。もちろん私はそれにこたえ、ホテルの時間いっぱいまで楽しませてあげました。

スポーツクラブ通いを始めたのをきっかけに、私はこんな刺激的な体験をすることができました。

私と彼が関係を持ったのは、仲間には秘密にしています。そしていまも彼とはこっそりと会って浮気を続けているのです。

第四章

レッスンはより深い絶頂を迎え……

素人投稿スペシャル——熟女の絶頂個人レッスン

料理教室の美人講師による個人レッスン
互いに剝き合い私の硬くなった淫硬棒で

安藤昌彦　会社員・三十三歳

私は三十三歳の会社員です。最近はセクハラ問題が騒がれていて、社内の同僚女子を飲みに誘うのもリスクが高すぎます。といっても職場以外で女性と知り合う機会もなく、彼女いない歴ばかりがどんどん長くなっていくんです。

これではいけないと一念発起《ほっき》し、出会いを求めて料理教室に通いはじめました。料理を習おうというぐらいなので、家庭的なかわいらしい女性がいっぱいいると思ったんです。そしたら、確かにかわいい女性は多いのですが、みな恋人や婚約者がいるんです。その男のために料理を勉強しようと通っているのでした。

そんな中に男が一人だけ混じっていると、下心が透けて見えるのか、私はみんなから若干避けられているような感じでした。だけど先生だけは、それが仕事だからかもしれませんが、私にあれこれ話しかけてくれて、とても熱心に料理を教えてくれるんです。

いつもトレードマークの赤いエプロンをつけている先生は、三十代後半で私よりも少し年上ですが、清純派っぽいルックスで、あたりまえですが料理がすごくじょうずで、家庭的な雰囲気なんです。

それにふとしたときの仕草が色っぽくて、それまで年上にはまったく興味がなかった私なのに、いつしか先生のことが好きになり、先生に会いたくて料理教室に通うようになっていました。

そんなある日、私は料理の実習中に指を包丁で切ってしまったんです。浅い切り傷で、騒ぐようなことではないのですが、少しだけ血が出てしまいました。そのときに私が思わず洩らした「痛ッ」という小さな声が、先生には聞こえたようでした。

「ちょっと見せてちょうだい」

そう言って私の指を自分の顔に近づけて、次の瞬間、先生は私の指をパクッと口に咥えたんです。子どものころにケガをした私の指を母親が舐めてくれた記憶があります。昔はそれが応急処置だったんです。

そのことを思い出しましたが、先生は指を咥えたまま私の目を上目づかいにチラッと見て、恥ずかしそうに頬を赤らめたんです。それはとても卑猥なことのように感じました。

私が驚いていると先生は私の指を口から出して、周囲を見回して誰にも見られていなかったことを確認すると、「このことはほかの生徒さんには秘密よ」と小声でささやいたのでした。

私はゾクゾクするぐらい興奮してしまい、それ以降、先生のことが気になって仕方なくなりました。

そしてその翌週のことです。大雨警報が発令されたなか、私は料理教室に行きました。雨が降ろうと槍が降ろうと、なんとしても先生に会いたいといった気持ちだったんです。だけど、ほかの生徒さんはみんな休みで、料理教室には先生と私だけという状況になってしまいました。

その日はもう休みにするつもりだったのか、白いブラウスにベージュ色のロングスカートという姿の先生は、エプロンはつけていませんでした。すると腰のくびれと豊満な乳房の形がはっきりとわかるんです。そのスタイルのよさに見とれていると、先生が一つ咳払《せきばら》いをしてから言いました。

「この大雨の中、来るなんて、安藤《あんどう》さんはやる気があっていいわね」

「いや……ぼくはそんな……やる気なんて……」

このまま先生に告白したいと思いました。先生に会いたくて、大雨の中をやってきたんです。先生、好きです！ と。

だけど小心者の私には、そんなことはできません。微妙な沈黙が流れ、その雰囲気を変えようとするように、先生がいつもの赤いエプロンを身につけました。

「じゃあ、個人レッスンといきましょうか。せっかく来てくれたんだものね。この食材を洗ってちょうだい」

「はい。わかりました！」

変なことは考えずに、いまは先生と二人っきりで料理ができるよろこびにひたるべきだと考え、私は作業に没頭していきました。そして、先生に指示されるとおりに料理をしていると、先生が「あっ……」と短く声を洩らしました。

「どうしたんですか？」

私がたずねると、先生は悲しげに眉を寄せて指を私のほうに差し出しました。そこには薄い赤い線が……。どうやら包丁で切ったようで、血がにじみ出ているんです。

「うっかりしてて……。包丁で指を切るなんて、料理の先生失格ね」

先生は私の前に指を差し出したまま、じっとしています。なにかを期待されているように感じました。それはもちろん、私と先生の二人だけの秘密である、私の指を先生が咥えてくれたあの日の出来事……。

今度は私が咥えてあげたらいいのだろうか？　と思いながらも、そんなことをしたら、「なにするのよ、変態！」と怒られてしまいそうです。

結局、なにもすることができずに、血がにじみ出ている指をぼんやりと見つめていると、先生はあきらめたようにその指を自分でしゃぶりはじめました。

そうです。ただ口に咥えただけではなく、まるでフェラチオでもするかのように指を出し入れしてしゃぶりつづけるんです。その間もずっと私の目を見つめたままです。

「先生……」

思わず物欲しそうな声がこぼれてしまいました。すると先生は私の左手をつかみ、自分のほうへと引き寄せました。

「あの傷、もう完全に治ったみたいね。でも、念のために……」

そう言って先生は私の指を口に咥えました。

「せ……先生……」

とまどう私の目を見つめながら、今度は私の指をしゃぶりはじめるんです。

いくら自分に自信がない私でも、これは誘われているということはわかりました。そして、このチャンスを逃がしてはいけないということも……。

「先生、ぼくも……」

私は先生の手をつかんで自分の顔のほうに引き寄せ、さっきケガをした指を口に含みました。そして先生の唾液にまみれた指をぬるぬるとしゃぶったんです。

はたから見たら変な光景だと思います。二人で向かい合って、相手の指をしゃぶっているのですから。だけど私は猛烈に興奮して、ズボンの中でペニスが痛いほどに勃起していきました。先生も興奮しているらしく、ほんのりと顔を赤らめていて、鼻息が荒くなっていました。

料理教室にはほかに誰もいないのです。もう指をしゃぶるだけでは我慢できません。もっとすごいことをしないと一生後悔するはずです。

私は先生の指を口から出し、思いきって自分の気持ちを伝えました。

「ぼく、先生のことが好きなんです」

先生は特に意外そうな表情は見せません。私の気持ちなど、ずっと前からお見通しなのです。というか、告白するように仕向けられたようなものです。

「うれしいわ。お礼になにかしてあげたくなっちゃう。指をしゃぶることよりも、もっといいことを」

先生はそっと私に体を寄せて唇を重ねました。そして私の背中に腕を回して、しがみつきながら熱烈なキスをしてくれました。私ももう三十代のいい大人なので、自分からも先生の口の中に舌を入れて先生の舌を舐め回しました。

そして私はディープキスをしながら、先生の胸をそっとさわりました。エプロンの上からもんでみると、すごいボリュームで、やわらかくて、弾力があって……。興奮は私をより積極的にしていきました。

「先生の裸を見せてください。いいでしょ？」

キスをやめて私が言うと、先生は恥ずかしそうに目を伏せました。

「見たいの？」

「はい！　見たいです！」

「じゃあ見せてあげる」

先生は一歩後ろに下がるとエプロンをはずし、ブラウスとスカートを脱ぎ、ブラジャーとパンティだけという姿になりました。

「そ……それも……」

「ダメよ。私だけ裸になるなんて不公平だもの。安藤さんも服を脱いで」

私が脱げば先生も全裸になってくれると言っているのです。断る理由はありません。

「わかりました。これでどうですか？」

私は先生の前で服を脱ぎ捨てて、ブリーフ一枚という姿になりました。

「それも脱いで」

先に先生の裸を見たいという思いもありましたが、それと同じぐらい自分のイチモツを見せたいという思いもあったんです。私はブリーフを脱いで腰を伸ばしました。するとまっすぐ天井を向いてそそり立ったペニスがピクピクと細かく震えるんです。それを見た先生の口から溜め息のような声がこぼれ出ました。

「す……すごいわ、すごく大きい」

ふだんの自信なさげな私を見ていた先生は、どうせペニスも小さいのだろうと思っていたようです。だけど、私はペニスの大きさにだけは自信があったんです。

「さあ、今度は先生の番ですよ。その邪魔なものは全部脱いでください」

「はあぁあん、約束は守らなくちゃいけないものね」

自分に言い聞かせるように言いながら、先生は背中に手を回してブラのホックをはずしました。そのとたん、乳房が勢いよくカップを弾き飛ばし、ぷるるんと揺れました。今度は私が溜め息を洩らす番です。

「あぁぁ……すごくきれいです。でも、そっちも……」

私は先生の股間をおおう邪魔な布きれに視線を向けました。

「わかってるわ。でも、こんな明るい場所でなんて恥ずかしい……ああん」

先生はくるりと私に背中を向けて、パンティをおろしました。少し大きめの丸いヒップがすごくなまなましいんです。だけど私の興味は、体の前のほうです。

「さあ、先生、こっちを向いてください」

「はぁぁん……」

切なげな声を洩らしながら、先生はこちらを向きました。白い肌。豊満な乳房。くびれた腰。そしてうっすらと茂った陰毛……。全体的に適度な脂肪がついた体は、熟女の魅力たっぷりです。

「あぁぁ……先生……すごくいいです。ぼく、興奮しちゃいます」

「わかってるわ。だって、その反応の仕方……」

先生の視線は私の股間に向けられていました。そこでそそり立つペニスは真っ赤に充血し、先端からはすでに我慢汁がにじみ出ているんです。

「先生……指をしゃぶるよりも、もっといいことをしてくれるんですよね?」

「そうよ。安藤さんはまじめな生徒さんだから、ご褒美をあげたいの。こういうご褒美はどうかしら?」

先生は私の前に膝立ちになり、ペニスを右手でつかみました。

「はうっ……」

思わず私の口から変な声がこぼれてしまいました。先生の手はしっとりしていて、少し冷たくて、すごく気持ちいいんです。

「すごく太いから、指が全然回りきらないわ」

ただ握られただけでも気持ちいいのに、先生はペニスの先端を自分のほうに引き倒し、アイスキャンディでも食べるように亀頭をペロペロと舐めはじめました。

「ううっ、それ、すごく気持ちいいです……。ああ……先生、最高です」

「よろこんでくれてうれしいわ。私、安藤さんがこの料理教室に入会してくれたときから、ずっとこうしたいと思ってたのよ」

思いがけない告白をすると、先生は私のペニスを口に咥えて、首を前後に動かしはじめました。先生の小さな口には、私のペニスは太すぎるのでしょう。苦しげに眉間にしわを寄せているのですが、それでも舐めしゃぶらないではいられないという牝の思いがただよい出ているんです。

そうやってしゃぶられる快感はもちろんすごいのですが、しゃぶっているのが美しい料理教室の先生だということに、私は猛烈に興奮させられるのでした。

気がつくと、私の体の中に射精の予感が充満していました。

「だ……ダメです、先生……もう……」

私はとっさにフェラチオを中断してもらおうとしましたが、先生はやめません。それどころかさらに激しく首を前後に動かし、ジュパジュパと音をさせながらしゃぶりつづけるんです。同時に陰嚢を手でもてあそぶように愛撫されたとたん、私はもう限界を超えてしまいました。

「あっ……もう出る！　あうううう！」

ペニスが先生の口の中で激しく脈動し、射精がドピュンドピュンと断続的に繰り返されました。

「うぐ……ぐぐ……」

むせ返りそうになりながらも、先生は私の射精が終わるまでペニスを咥えつづけました。そしてペニスがおとなしくなると、ゆっくりと体を離しました。そのとき、少し上を向くようにして、精液をこぼさないようにしているんです。

そして私の顔を見上げながら、ゴクンとノドを鳴らしてすべて飲み干してみせたのでした。

「せ……先生……すごくエロいです……」

「うふふ、いま射精したばかりなのに、なんて元気なのかしら」

先生に言われて自分の股間を見ると、唾液と精液にまみれたペニスがバナナのようにそり返り、ヘソの下あたりに食い込みそうになってるんです。十代のころでもこんなになったことはありませんでした。だけど、それぐらい先生がエロくて、むちゃくちゃ興奮してしまうのでした。

「さあ、もう入れたいんじゃない?」

「もちろん入れたいです。でも、その前に、ぼくも口で気持ちよくしてあげますよ。さあ、そこに座ってください」

先生を調理台の端に座らせて、後ろに倒しました。そのまま両足首を持って体のほうに押しつけると、先生の秘められた場所が目の前に突き出されるんです。

「ああん、ダメ。これは恥ずかしすぎるわ」

「そんなこと言わないで。新鮮なこのアワビをたっぷり味わわせてくださいよ」

私はかまわず食らいつき、割れ目に舌を這わせました。すると先生の体がピクンと震えました。

「ああん、ダメぇ、やめてぇ……はああん……」

口では「やめて」と言いながらも、先生は私が舐めやすいようにと、自ら両膝を抱えて陰部を突き出してくれるんです。

私はたっぷりと割れ目を舐め回してから、その舌愛撫をクリトリスに移動させました。私の舌先がぬるんとすべり抜けた瞬間、先生の体はビクン！　と跳ね、喘ぎ声が迸りました。

「あっはああん！　そ……そこは敏感なのぉ」

つまりは、そこをもっと舐めてくれということです。私は先生によろこんでほしくて、クリトリスを舌先で転がすように舐めつづけました。

すると先生の吐息が徐々に苦しげになっていきました。

「あっ、ダメ、はあっ、い、イキそう。はあぁぁん、イク、イク～！」

そう絶叫した先生は電気ショックでも受けたかのように体を弾ませ、私を弾き飛ばしたんです。そして調理台の上からずり落ちた先生は、床にうずくまってしまいました。

「イッたんですか？」

私の問いかけに先生は振り返り、うるんだ瞳を向けてきました。

「そうよ。だけどまだ奥のほうが……」

私がフェラで射精しても満たされずにずっと勃起したままなのと同じように、先生もクンニでイッても膣の奥がムズムズしたままだということのようです。

「いいですよ、先生。二人ですっきりしましょう!」

先生の腰を抱えて引っぱり起こすと、私は背後から抱き締めるようにして先生の陰部に狙いを定めました。クンニでイッたばかりのオマ〇コはとろとろにとろけていて、私のペニスはぬるんと簡単にすべり込んでしまいました。

「あっはあああん」

体をのけぞらせるようにした先生の乳房を背後から右手でわしづかみにしてもみしだきながらペニスを抜き差しし、左手でクリトリスをこね回しました。

「あ、ダメダメダメ、それ、気持ちよすぎるわ。あああん……」

先生のオマ〇コはきつく収縮を繰り返し、私のペニスを締めつけるんです。

あこがれの先生とセックスしている。しかも料理教室で立ちバックという状況に猛烈に興奮してしまい、私は腰の動きをセーブすることができません。

まるで覚え立ての若者のように力任せにペニスを突き上げつづけました。

さっき口の中に出したばかりだというのに、すぐにまた射精の予感が込み上げてきました。そして私は限界に達してしまったんです。

「ううう……先生……ぼく、ぼくもう、イキそうです。ううう……」

「中は……中はダメ！　外に出してぇ。はああん、私も……私もイク～！」

きゅーっとひときわきつく膣壁がペニスを締めつけ、その快感で私は限界を超えてしまいました。

「ああ、もう出る！」

ズンと根元まで突き刺してから、私はジュボッという音を立てながらペニスを引き抜きました。と同時にペニスの先端から白濁液が噴き出し、先生の大きなお尻に飛び散ったのでした。

その後すぐに料理教室は辞めてしまいました。私が若い女性に囲まれて料理をしているのを見ると嫉妬《しっと》してしまうと先生に言われたためです。

そのかわり、プライベートレッスンを週に二回、私の部屋で受けています。

当然、調理した料理を食べたあと、先生の熟れた女体もしっかりごちそうになっているんです。

絵画教室で若い男性ヌードモデルが勃起見られると興奮する彼を視姦し調教して

北村里穂　専業主婦・四十三歳

四十三歳の専業主婦です。夫との間には一人娘がいます。その娘もこの春から大学に進学して、ようやく子育てもいち段落したというところです。これからは自分のために時間を使いたい。そう考えたとき思いついたのは、大好きだった絵をもう一度描いてみようということでした。

もともと高校時代は美術部で、美大への進学も考えたほどでした。でもその道を断念してからは、絵筆を握ったこともありません。まずは基本から学び直そうと、夫に頼んで近所にある絵画教室に通わせてもらうことにしたのです。

通いはじめてすぐに、これはちょっと失敗だったかなと思いました。教室は私以上の年配の主婦が大半で、そのほとんどが初心者だったのです。まったくの素人相手の授業内容で、正直、すぐに退屈してしまったのです。

しかし習いはじめて数週間後に、とんでもない出会いがあったのです。

その日の授業は「人体デッサン」でした。

そして、男性の裸体を描くためにモデルも呼ばれていたのです。

モデルとして現れたのは、若い、端正な顔立ちの男性でした。三十代か、もしかしたら二十代かもという、私の子どもくらいの年齢です。教室であるアトリエの中にはシーツを体にまとった状態で入ってきましたが、それも脱ぎ捨ててしまいました。思わず息を呑みました。私だけではなく、教室にいた生徒さんの誰もが声にならない悲鳴をあげたかのようでした。

まさかとは思いましたが、男性は生まれたままの姿だったのです。下半身には下着くらいはいているだろうと思っていたので、これには驚きました。

「右足を少し後ろに引いて、左手を上げて……そうそう……」

先生は手とり足とりモデルの男性に指示してポーズをとらせると、それをもとにデッサンをするように私たちに言いました。

私は、モデルの男性のちょうど真正面に座っている状態でした。目線が合ってしまうような位置です。そして、目線だけでなく股間までも……。

思えば、若い男性の裸を生で見るなんて、いつ以来でしょうか。

モデルの男性は顔が端正なだけでなく、体つきも均整がとれていました。何か運動でもしているのかもしれません。それともこれくらいの若さだと、何もしていなくてもこんな体つきになるものなのでしょうか。

デッサンするのですから、体の全体を見なければなりません。でも、どんなにがんばっても股間にばかり目がいってしまいます。男性にもそれがばれているんじゃないかと、恥ずかしくなってしまいました。

胸がどきどきしました。そして、事件は起こりました。じっと見つめているうちに、私は彼の体に起こった異変に気づいてしまったのです。

「ああっ」

私はつい、教室中に響くような大きな声をあげてしまいました。

彼の股間のものが、大きくふくらんでいたのです。私の声で講師の先生もそれに気づいてしまいました。先生も驚いて、デッサンは中断になってしまいました。

先生にシーツを被せられて、ざわつく教室をあとにする男性モデルは顔を真っ赤にして、ひどく恥ずかしそうにしていました。

私も「自分が見つめすぎたせいかしら……」と罪悪感を抱いてしまいました。

その日の教室が終わって帰るときに、私は教室の建物を出たあたりでばったりその男性に出くわしてしまいました。

「あの……今日はすみません。私が見つめすぎたせいで……」

私は驚いて、思わずそんなしなくてもいい謝罪をしてしまったのです。

男性も驚いていました。そしてまた、顔が真っ赤になりました。

「い、いえ、すみません、こちらこそ……」

そう言ってなんとなく立ち話になりました。男性は圭司《けいじ》君という名前で、本人も画家を志望している好青年でした。まだまだ画業だけでは食べていくことができず、バイトでこうしてモデルもしているのだということでした。

「すみません、実は、ぼく……見られると興奮しちゃうみたいで……」

圭司君は何か私に親しみを抱いてくれたのか、そんな性癖に近いことまで告白してくれたのです。でも私のほうはそんな恐縮する圭司君を見ながら、つい彼が着ている服の下の肉体を妄想してしまいました。実際に一度裸を見ているから簡単に妄想できてしまうのです。

どうしてももう一度見てみたい。あのきれいな体を……。

そんな気持ちから、私は思わず圭司君にこう口走ってしまったのです。

「もっと、見てあげたいんだけど……あなたのこと……」

圭司君は驚いていました。でもまんざらでもない様子でした。圭司君が私になんとなくひかれていることは、デッサン中にすでに私は気づいていたのです。

私は圭司君をラブホテルに誘いました。こんなことをしたのは初めてのことです。でも彼も、とまどいながらも言いなりになってくれました。

「いい？ 裸を見てあげるだけだからね……？」

そんな念押しをしながら、私は圭司君とホテルのゲートをくぐったのです。

でも、きっとそれだけではすまないだろうと予感していました。

「あら、かわいいベッド」

部屋に入るなり、私は久しぶりにラブホテルに来た高揚感で、ベッドに身を投げ出してしまいました。そしてまだ入り口あたりで立ち尽くしている圭司君のほうに向き直って、こう言ったのです。

「さあ、裸になってみせて。あなたの体をよく見てあげる……」

圭司君は、恥ずかしそうにもじもじしています。

「どうしたの？　さっきはあんなに堂々と裸になっていたのに……」

私が言うと、圭司君が反論しました。

「だって、二人きりじゃ……全然違います……」

「でも、見られるのが好きなんでしょ？」

私が詰め寄ると、圭司君は観念したように着ていたものを脱ぎはじめたのです。

でも圭司君が言うとおり、教室とラブホテルの部屋では全然違いました。

堂々とモデル然として立っている姿より、恥ずかしそうに服を少しずつ脱いでいく姿のほうが、私にとってもずっと煽情的だったのです。圭司君が下着に手をかけたときには、私は生つばを飲み込んでしまったほどでした。

そして、さらに興奮させられたのは、自分だけが服を着た状態で生まれたままの姿の圭司君を見ているということでした。

なんと言えばいいのか、背徳感が凄《すさ》まじいのです。

あらためて見ても、圭司君はほんとうにきれいな体をしていました。

そして、その股間は、すでにすっかり大きくなっていたのです。圭司君が手でおおっても隠し切れないほどでした。

「ほんとうに、見られると興奮するのね……」

自分自身も興奮しているくせに、それを隠して私は言いました。圭司君はさらに真っ赤になりました。でも、恥ずかしがって隠しているはずの股間の両手の指を、なにやらもぞもぞ動かしてもいるのです。

「何をしているのよ……ちゃんと見せなさい」

私は立ち上がって圭司君の手を振り払いました。そしてしゃがんで、自分の目線のすぐ先に圭司君のペニスがある状態になったのです。

「あまり……見ないでください……」

圭司君の声はほとんど震えていました。私も内心ドキドキしながら、目の前のペニスを見つめていました。そして、だんだん我慢できなくなってきたのです。気づいたら、私の唇は目の前で揺れている亀頭を咥えていたのです。

「あう……」

圭司君の悶絶する声が聞こえてきました。

「ふう……とってもおいしい……」

私は舐めるだけでなく、上目づかいに圭司君を見つめました。そうしたほうが彼も興奮すると思ったからです。

「圭司君、乳首もかわいらしいのね……」

私はそう言って、手を彼の胸板に伸ばしました。

圭司君は緊張していて、目を閉じて震えていました。そんな彼の小さな乳首に指先で軽くふれると、再び含んだ口の中のペニスがさらに熱くなりました。

優しく、いつくしむように指で弄んだあとに、急に乳首をつねってみました。

「ううんっ！」

圭司君がうめき声をあげました。まるで女の子みたいな声です。

そんなに強い力でつねったわけではありません。でも、私の緩急《かんきゅう》のつけかたで実際以上の刺激を感じてしまったんだと思います。

「も……もうだめです……イッちゃいます……！」

圭司君が降参すると、私は舌の動きを止めてしまいました。

「まだまだ、見てない部分があるわ……」

私はペニスから口を離して、とまどう圭司君の体を後ろに向けました。

「ほんとうに、きれいなお尻……」

私はため息をつくようにそう言いました。実際に、圭司君のお尻は見事な美しさだったのです。キュッと引き締まって、傷ひとつなくて……。

「あっ……」

圭司君が声をあげました。私の両手が彼のお尻の肉をつかんだからです。つかんだだけではありません。それを左右に大きく広げたのです。

「や、やめ……見ないで……」

圭司君があわてて手で隠そうとしましたが、私はそれを払いのけました。

「だめよ。すみずみまで見てあげるって、約束したんだから……」

私は彼のお尻の間をのぞき込みました。

左右のお尻の肉の間に、つぼみのようなお尻の穴が見えています。少し汗のにおいはしましたが、いやなにおいではありませんでした。

「こんなところまで、きれいなのねえ……」

私は思わず、指先でつぼみにふれてみました。きゅうっと、まるで生き物のようにすぼまります。その様子は「かわいい」の一言でした。

私は思わず、つぼみに口づけしてしまったのです。

「あは、うあ、う……！」

圭司君の口から、男とは思えないような声が洩れてきます。きっと、こんなことをされたのは初めてだったのでしょう。私も初体験でした。

私はお尻の穴にキスをしながら彼の体の前に手を伸ばしました。そしてついさっきまで発射寸前になっていたペニスにふれたのです。

「んっ……！」

圭司君がうめき声をあげます。私の指にふれたその部分は、信じられないほど熱くなっていました。そして心臓のようにどくどくと脈打っていたのです。

私はお尻にキスしたまま、手でその硬い棒と化したペニスをしごきました。

「だめです、ああ……！」

圭司君の下半身が大きくぶるっと震えました。そして私の手の中のモノもビクンと大きく脈打ったのです。

私が圭司君のお尻から顔を離して見てみると、ホテルの部屋の床に大量の精液が打ち放たれていました。圭司君は、荒い息を吐いています。

ちょっとやりすぎちゃったかも……そう思っていたら、圭司君が言いました。

「今度は、奥さんの体を、ぼくに見せてください……」

そういえば、圭司君にここまでしておきながら、私はまだ上着すら脱いでいなかったのです。

これから私は、若い圭司君に脱がされるんだ……そう思っていたら、圭司君は意外なことを私に言ってきたのです。

「今度はぼくに、裸の奥さんを見せて、描かせてください」

圭司君は、自分のカバンからスケッチブックと鉛筆を取り出しました。

そして、ベッドに腰かけて、私にこう言ったのです。

「さあ、奥さん、ぼくの前で、裸になって見せてください」

圭司君の目は、有無を言わさぬ様子でした。さっきまで私にやられっぱなしになっていた男の子と同一人物とは思えないくらいです。

私は観念して、圭司君がスケッチブック越しに見ている前で、着ているものを脱ぎはじめたのです。しかし実際に見られながら服を脱いでみて、これがどれほど恥ずかしいことなのかを思い知りました。脚が震えるほどだったのです。

見られている……自分の肌も、お尻も、胸も……。

そう思うと、実際に肌にさわられている以上に感じてしまうのです。圭司君はやはり、本物の画家になろうとしているだけあって「見る力」が普通の人とは段違いだと思いました。視線が、突き刺さってくるのがわかるのです。

それを感じ取れたのは、私自身が絵を好きだからかもしれません。

私は下着姿になりましたが、もちろん圭司君は許してはくれません。

「さあ、早く全部、脱いでください」

私はブラに手をかけて、自分でホックをはずしました。はずしたとたんに、バストではじけ飛ぶようにブラがはずれてしまいました。

私は、胸がGカップあります。若いころはもう少しカップ数は少なかったのですが、三十代の後半から肉づきよく、豊満になってしまったのです。

ただ、お腹の肉も……。同年代の女性に比べたら、かなり体形は維持しているつもりです。でも、少し脂がのってしまっていることは否めません。

そんな私の心情を見透かしたように、圭司君が言いました。

「隠さないでください……そのままがいいんです。きれいなんです」

圭司君は真剣な目で私を見つめて、スケッチブックに鉛筆を走らせています。

圭司君の言葉に勇気をもらって、私は正面を向いて立ちました。そして最後に残ったパンティに指先をかけて、ゆっくりとおろしたのです。

ああ、見られてる……。

そう思いながら、こんな年上の女性に熱い視線を浴びせてくれる圭司君のことが、心の底から愛おしく思えました。

夫がこんなに熱い視線を私に向けることは、もうありません。でも、こんなに若くてルックスもいい男性が、こんなに熱心に見てくれるなんて……。

「ど……どんな格好をすればいいのかしら……?」

私がたずねると、圭司君は思った以上に具体的なポーズを指示してきました。

「そこにあるソファに座ってください。そして、片手を背もたれにかけて……そうして、片脚はおろして、片脚はソファに乗せてください……」

よくある裸婦像のようなポーズではありますが、そのような裸婦像ではよくある体の前を隠すシーツが何もありません。

なので、開脚して、股間を丸出しにした状態になってしまうのです。処理もしていないし、恥ずかしかったけど、思いきって言われたままのポーズをとってしまいました。

「……すごい、すごくきれいです」

圭司君が、ため息まじりにそう言ってくれました。そしてすごい勢いでスケッチブックに鉛筆を走らせていったのです。

その日のお昼には私が圭司君の裸の股間を見ていたのに、いまは私のあそこが見られている……不思議な気持ちになりました。

そして、これまで感じたことがないくらいの快感を覚えました。いざモデルの側になると「見られる興奮」がよくわかりました。公衆の面前で圭司君が興奮したのも無理がない。そう思えたのです。

それはたしかに快感でした。物理的にふれられて愛撫を受けているわけではないのに、見られることで、それ以上の快感が得られたのです。

同じ姿勢をずっととって、そしてそれを一対一で見つめられて……。

これはセックスそのものだと思いました。お互いの体に指一本ふれてはいないのに、それ以上に繋がりを覚えてしまうのです。

どれぐらいそうしていたのかわかりません。たぶん、十分かそれくらいだったのだと思いますが、それが一時間以上に思えました。

「……見てください」

圭司君は、私にスケッチブックを見せてきました。

そこには、簡単な鉛筆画ではありますが、確かなデッサン力で私が描かれていました。まぎれもない、生まれたままの私の姿です。

人に、自分の姿を絵に描いてもらうということは、めったにあることではありません。まして裸なんて、生まれて初めてのことです。

「素敵……」

私は思わず声を洩らしてしまいました。

そして圭司君のほうを向き直って言いました。

「でも、見て……あなたに見つめられたせいで、こんなに……」

私はもう一度、脚を開いて、自分で指を添えて女性器の両側の肉を開いて中を見せました。自分では見なくてもそこがすっかり濡れてしまっているのはわかっていたのです。圭司君が、紅潮した顔で私のあそこを見つめてきました。

絵を描き終えて、彼も興奮しているのです。

「もう我慢できない……抱いて」

私はそう言って、圭司君の体にふれました。ペニスは、一度射精したあとではありますが、もうすっかり硬さを取り戻していました。

裏筋にそっと指先を這わせながら、私は立ち上がって、圭司君にキスをしました。もう見るも見られるも、年上の私がリードするも何もありませんでした。

お互いの体にふれるだけで痙攣してしまうほど、二人とも感じていたのです。

濃厚なキスを交わしているうちに、圭司君が私の敏感な部分に指を入れてきました。溢れた蜜が彼の指を濡らしてしまうのを感じました。

にちゃにちゃといういやらしい音が、はっきりと耳まで届きました。

私も圭司君のペニスに指先でふれました。熱いのがわかりました。すぐにふれるだけでは我慢できなくなって、手で握りしめてこすり上げました。

どちらからともなく、ベッドに倒れ込みました。

「奥さん……」

そう耳元でささやかれたとき、一瞬だけ夫と一人娘の顔が脳裏をよぎりました。

しかし、そのすぐあとに圭司君の舌が私の唇をこじ開けると、何もかもどうでもよくなってしまったのです。

「ん……んん……」

苦しくなるほど長いキスなのに、これがもっと、永遠に続けばいいと思ってしまいました。部屋に入ってから、まだそれほどの時間がたったわけでもないのです。それなのに、お互いの肉体を見つめつづけていたせいか、なんともいえない心の繋がりを感じていました。運命の恋人だとさえ思いました。

圭司君が私の体におおいかぶさり、脚をこじ開けました。私はされるがままに、濡れた女性器を広げて見せました。

「ゴムは……」

圭司君がそう言ったとき、私は首を横に振りました。

どうしても、生まれたままの姿で交わりたかったのです。

「圭司君……きて……あうっ！」

私が言い終わる前に、圭司君の若々しいモノが、熱く私の芯を貫きました。

そのあとは狂ったようにお互いの体をむさぼりました。罪悪感がそうさせたのでしょうか。それとも見つめ合ったあとのセックスは、こうなるものなのでしょうか。

快感も、これまでにしたどのセックスとも比べ物にならないほどでした。

自分の性器の内側が、ペニスに貼りついて離すまいとしているようでした。それを強引にピストンされ、体は裏返るような感覚さえありました。

体の中がどんどん、怖いくらいに熱くなってきました。私は圭司君の背中に腕を回し、逞しい背中に爪を立てて引っかきました。初めてのことです。

「奥さん、ぼく、もう……！」

「大丈夫……このまま……きて……！」

圭司君の腰の動きが限界まで速くなり、そしてその限界のところで一瞬動きが止まりました。その瞬間、私の意識も完全にとんでしまいました。

圭司君との熱い情事が、終わってしまったのです。

これが、私の人生最高のセックスでした。

ゴルフ教室で知り合った美熟女マダムが私のペニスをしっかりグリップし即挿入

田丸康久　会社員・二十三歳

昨年、新卒で入った製薬会社で、配属された営業の仕事にもやっと慣れ、最近ではおもしろさを感じるようになりました。といっても、まだ仕事を完全に任せられているはずもなく、いわゆる新人教育係の先輩社員にくっついてのルートセールスが、いまのところの主な仕事です。

自分の教育係の越野《こしの》さんは年もそれほど離れていなくて、大学時代に所属していた野球同好会での先輩のような感覚で接してくれます。また、独身ということもあって、仕事終わりに飲みに連れていってくれたり、大声では言えませんが要領のいい仕事のサボリ方を教えてくれるような頼りになる先輩で、その点で私はツイていました。

そんな先日、越野先輩と営業に行った帰りの車内で、ゴルフをやったことがあるか、いきなり尋ねられました。

私は子どものころから大学まで野球ばかりで、ゴルフの経験などありません。正直にそう伝えると、越野先輩はそのまま私を打ちっ放しのゴルフ練習場に連れていったのです。

命じられるままにゴルフクラブを握り、振り回してはみたものの、空振りか当たってもまともに前に飛びません。

しばらくの間、そんな私をじっと見ていた越野先輩は、大げさにため息をつきました。

「野球やってたって話だから、運動神経にちょっとは期待してたんだが、まるで話にならないな」

先輩が言うには、営業先にはゴルフ好きの先生も多く、いっしょにコースを回ることでまとまる商談も多いため、私にも早く覚えるべきだとのことでした。また、同じ日に取引先のゴルフコンペが重なることもしばしばあり、そんなときには私に代役として行ってほしいのだともつけ加えました。

結局、先輩はその場で練習場のレッスンプロに声をかけ、いったん、奥に引っ込んでからパンフレットと書類を手に戻ってきました。

「それ、なんですか？」

「お前の名前で、初心者向けゴルフ教室に申し込んできた。半年、いや、三カ月でコースに出られるくらいになってもらわなきゃ、こっちも困るからな」

パンフレットを見ると、『初めてクラブを握る方』『すぐにゴルフを覚えたい方』といった見出しが記されています。確かに自分向きだと思いましたが、毎週土曜日の午後に、この練習場で開催される六回でワンセットの教室だという点が引っかかりました。せっかくの休日の一日が、一カ月半もつぶれることになってしまいます。

けれど、先輩はもうレッスン料を立て替えてしまっているし、仕事のためといわれると文句はいえません。それに、私自身もいずれはゴルフを覚えようと思っていたので、前向きに考えることにしたのでした。

翌月の土曜日、打ちっ放しのゴルフ練習場に集合した初心者向け教室の生徒は十名ほどで、私が最年少でした。私のように社命で参加した者もいましたが、仕事を引退して暇を持て余した年配の人が多かったように思います。

そんな生徒に女性が三名含まれていたなかで、初対面からひと際目立っていたのが、北野真由子《きたのまゆこ》さんでした。

大きな目ととのった顔立ち、肩にかかるほどの長さの見るからに軽そうな髪、健康的な小麦色の肌の真由子さんがやってきたとき、コーチ役の女子プロゴルファーかと思いました。それほどに、真由子さんのスレンダーな、それでいてゴルフウェアの下の張りつめた胸やヒップが、私の目をひいたのです。

ところが、初レッスン前の自己紹介で彼女もゴルフ教室の生徒であり、四十代半ばだと知って驚きました。それまでずっとテニスを続けていたのだとも聞き、それで若く見えるのだと納得したのです。

彼女がいたからというわけではありませんが、いざレッスンに臨んでみると、なかなかおもしろくなっていきました。途中からは、むしろ土曜日が来るのが待ち遠しくなったほどです。体にしみついていたスポーツ好きの血が騒ぐというか、自分でも上達していくのがわかり、なんともいえない充足感を味わえたせいでしょう。といっても、現在にいたるまで、まだまだ初心者の域を超えてはいませんが。

また、年配の生徒を教え慣れているせいか、講師のレッスンプロも温厚で、常に和《なご》やかな雰囲気だったこともあるでしょう。そんな中でほかの生徒との会話も弾み、医療関係者こそいませんでしたが、他業種でそれなりの地位にある方々と人脈を築くこともできました。おかげで、ゴルフが営業職の役に立つという越野先輩の言葉を実感したことも、レッスンに通うモチベーションに影響していたといえます。

そんな中でも、真由子さんの存在はやはり特別でした。

男性陣の注目を集めていることを意識していたのか、われわれとの会話を控え、話をするのはもっぱらほかの女性生徒とレッスンプロばかりでした。こちらとしても、なんとなく話しかけるのをはばかられるようなまぶしいものを、真由子さんが持っていたのは確かです。

もっとも、生徒の中でいちばん上達が遅れていたのが真由子さんだったのは、意外でした。レッスンプロが言うには、私のような野球経験者は体の使い方が似ているので呑み込みが早いのだが、真由子さんの場合はテニス経験が逆に裏目に出てしまっているのではないかとのことでした。反射神経が勝ってしまい、ゴルフの球を打つ前に体が動いてしまっているようなのです。もちろん、テニス経験者一般にいえることではなく、彼女個人の問題が大きそうだとも言っていましたが。

それは真由子さん自身もわかっていたようで、ときどき、「私はゴルフに向いてない」「止まってる球を打つほうが難しいなんて」などと、少しいら立った口ぶりで言っているのが耳に入りました。

そんな真由子さんと私が初めて言葉を交わしたのは、五回目のレッスンのときでした。

かなりの確率で真っ直ぐ打球が飛ぶようになった私は、レッスンプロからほめられ、次の生徒に打席を譲って背後のベンチに退きました。その途中で、先に自分の番を終わらせていた真由子さんが、不意に声をかけてきたのです。

「やっぱり、若いと呑み込みが早いわね。私なんて、全然ダメだわ」

「ずっと野球をやっていたのが、よかったみたいで」

私はレッスンプロから聞いた受け売りを、そのまま伝えました。

「へえ、そういうもんなんだ」

「それに、北野さんだって若いじゃないですか」

本音から出た私の言葉に、真由子さんは白い歯を見せてくれました。

「おじょうずね。自己紹介で製薬会社の営業マンて言っていたけど、出世するわよ、あなた」

そして周囲を見回した真由子さんは、小声でレッスン後にお茶に行かないかと、私を誘いました。もちろん、私としては断る理由などありません。

私たちはレッスンが終わると、ゴルフウェアのまま彼女のこじゃれた外車で、少し離れた場所のカフェに入りました。

「真っ直ぐお宅に帰らなくても、大丈夫なんですか?」

そう尋ねた私の言葉を待っていたように、真由子さんは身を乗り出しました。

「主人はどこか別のゴルフ練習場へ行って、どうせ夜まで帰ってこないし、娘も遅くまで遊び歩いてるはずだから、暇を持て余してるのよ」

「ぼくは一人暮らしだし、時間はいくらでもあります」

真由子さんは実は話し好きらしく、それがきっかけであれこれと自分のことを話しはじめました。

娘の子育てがいち段落してから、自分は学生時代に熱中してたテニスをまた始めたのだけれど、気の合う仲間がどんどん引退してしまい、おしゃべりをする相手がいなくなってしまった。そこで、夫がのめり込んでいるゴルフを覚えて、いっしょに連れていってもらおうと考えた。それがゴルフスクールに申し込んだ理由だとか。

そこで話し相手が出来れば越したことはないが、なぜか生徒のなかで浮いた存在になってしまい、しかも、自分がいちばん下手くそなままなのでムシャクシャしていたのだといいました。

「あー、田丸《たまる》君に話してスッキリした。お客さんの話を聞くのも、営業の仕事よね？　聞きじょうずのあなたは、やっぱり出世するわよ」

そう言うと、真由子さんは子どものように笑いました。

そのあとも、ゴルフと会社にかまけて自分を放置している夫への不満を主に、一方的にグチを聞かされて、その日は彼女と別れたのでした。

正直に言えば、真由子さんから声をかけられたとき、もしかしたらというスケベ心があったことは否めません。それが肩透かしになったことで、じらされた気分になったことは確かです。

そして迎えたレッスン最終日、私はお預けを食らった犬のような気分でゴルフ練習場へ向かいました。

先に来ていた真由子さんと目が合いましたが、彼女はほかの生徒の手前もあるのか、素知らぬ顔です。けれど、すれ違いざまにボソリとささやきました。

「今日もレッスンが終わったら、ね！」

彼女も同じ気分だったのかもしれないと気づいた私は、飛び上がりたい気分で、その日のショットは浮かれすぎて散々なものでした。

そんな最後のレッスンのあとで、打ち上げの誘いを断った私は、真由子さんが先に練習場を出るのを待って、駐車場へ向かいました。まるで、大学生のころに合コンで目当ての女性を抜け駆けでお持ち帰りする気分です。

待っていた車に乗り込んだ私に、真由子さんは微笑みかけてくれました。

「今日は遅くなるって言ってあるわ。この間の、話を聞いてくれたお礼をしなきゃね」

こうなると、それ以上の言葉などいりません。私を乗せた彼女の車はラブホテルの駐車場に入ったのでした。

部屋に入るなり、真由子さんはさっさとゴルフウェアを脱ぎはじめ、黒いレースの下着姿になってしまいました。上半分が透けているブラジャーに、Tバックのショーツの上下です。

その姿から、小麦色に焼けているのは顔や腕、脚などの露出している部分だけで、本来の彼女は色白なのだとわかりました。黒い下着は、そんな白さと絶妙のコントラストとなり、妙にエロチックです。

さらに真由子さんは、大胆にも私の目の前でその下着さえ脱ぎはじめたのです。すべてを脱ぎ捨てた真由子さんの体は、子どもを産んでいること、そして年齢からは信じられないほど、美しいものでした。

テニスで鍛えた長い脚、まるでぜい肉のついていないスッキリとした下腹、そして、形よく張りつめた胸とツンと上を向いた薄紅色の乳首、面積の狭い艶やかな恥毛も、白磁《はくじ》のようになめらかな肌のアクセントとして、計算され配置されたかのようです。

私がこれまで関係したどの若い女性も、彼女にはとてもかなわないでしょう。もっとも、比較するほどの経験はないのですが。

「まず、練習の汗を流さないとね。田丸君も脱ぎなさいよ」

「は、はい」

彼女のスタイルを眺めることに気をとられ、私は自分が服を脱ぐことを忘れていました。

とにかく、我に返った私は命じられるままにあわてて服を脱ぎ捨てます。

けれど、トランクス一枚になった私は、そこで手を止めました。見た目は若くとも、二十歳も年上の真由子さんの体を見ただけで勃起している自分が、急に恥ずかしく思えたのです。

「どうしたの？」

「い、いいえ、真由子さんの裸で」

怪訝《けげん》な表情を浮かべた真由子さんへ、私は正直に話しました。

すると真由子さんは、けらけらと笑い、私に歩み寄るとキスをしました。

「バカね、それこそ私にとって最高のほめ言葉よ」

私の耳元で言った真由子さんは、またキスをすると、唇を離さないままトランクスに右手を差し込みました。

「うっ？」

「あなたも、鍛えられた体してて素敵だわ。それだけじゃなく、ここも大きくてすごく硬いし。ほら、セックスもスポーツみたいなものだから、同じだと思って自信を持って。野球でバッターボックスに立つつもりで」

気がつくと私は真由子さんにトランクスをおろされ、ペニスを剝き出しにされていました。さらに真由子さんは、かまわず手でいきり立ったものを愛撫し、かがみ込んで咥えたのです。

「え？　シャワー浴びてからじゃないと汚いよ、真由子さん！」

「気が変わったの。私、汗のにおい嫌いじゃないし、セックスもスポーツの一種だと思えば、シャワーを浴びるのは一戦終えたあとがあたりまえじゃない？」

実は私も、一刻も早く真由子さんが欲しくてたまりませんでした。

うなずいた私は、女性にしては背の高い真由子さんを、お姫様抱っこでラブホテルのだだっ広いベッドまで運ぶと、まるで作り物のように均整のとれた胸にむしゃぶりつきます。

その間、彼女は私の背中や腕にふれ、確認するかのようにペニスに手を伸ばしました。年上の余裕からか、彼女はときどき、体をよじりながらも笑顔を絶やさず、「まず田丸君が責める番ね」とささやきます。

私は、さらに舌先を真由子さんのあの部分へと移動させました。

そこは軽く口を開き、少し赤みの強い内側が見てとれます。光るほどに濡れているせいか、汗のそれと混ざった彼女のにおいが立ちのぼり、私の興奮に拍車をかけました。

あの部分を指先で左右に広げた私は、粘膜の鞘《さや》から顔をのぞかせていた、敏感な突起を舐め上げました。

その瞬間、真由子さんは「うっ!」とうめくと、ビクンッと細い腰をふるわせました。

それに気をよくした私は、同じ攻撃を繰り返します。そのたびに真由子さんは腰をふるわせ、短いうめきを洩らしつづけました。

どのくらい舌を使っていたでしょうか、シーツに彼女の垂らしたしみが出来はじめたころです。

急に真由子さんが腰を引くと、呼吸を少し乱れさせながら告げました。

「じゃあ、今度は私の番よ」

体を入れ替えて、私をあおむけにさせると、彼女が上になりペニスを握って跨ります。

待つほどもなく、真由子さんが腰を沈めました。

軽い抵抗感を味わいながら、私のペニスは彼女の中にズブズブと収まっていきます。

今度は、私がうめきを洩らしました。

「私が好きに動くから、田丸君はじっとしているのよ」

そう言うと真由子さんは、ゆっくりと腰を上下させました。

彼女が動くたびにグチャ、グチャとぬめった粘膜の中をペニスが動く音が、小さく響きます。

やがてその音が激しく、そして大きいものに変わっていきました。

「硬いわ、硬いのが奥に当たるっ！」

騎乗位で腰の動きを速める真由子さんからは、年上の余裕などとっくに消え去っています。

髪を左右に振って、目をつむり眉根を寄せているその表情を見たとき、私は自分の限界が近いと知りました。

そして、ついに真由子さんはガクガクと体全体を波打たせると、私の体の上に突っ伏します。

「あーっ、すごいよ、田丸君！」

「真由子さん！」

同時に叫んだ私は、真由子さんの中にドクドクと注ぎ込みました。

そのときの二人の汗のにおいと、放ったものが混ざり合ったにおいを、いまでも覚えています。

そのあと、シャワーを浴びてから別れたのですが、これがきっかけとなり、いまでもたまに会っている私たちです。

彼女の言うとおり、セックスもスポーツのようなものだとするなら、おそらく最高のパートナーなのかもしれません。

もちろん、結婚というかたちは考えられないし、いずれは離れなければならない関係だとお互いに理解していますが、その日がくるまでは存分に楽しみつづけるつもりです。

◉読者投稿手記募集中！

素人投稿編集部では、読者の皆様、特に女性の方々からの手記を常時募集しております。真実の体験に基づいたものであれば長短は問いませんが、最近のSEX事情を反映した内容のものなら特に大歓迎、あなたのナマナマしい体験をどしどし送って下さい。

●採用分に関しましては、当社規定の謝礼を差し上げます（但し、採否にかかわらず原稿の返却はいたしませんので、控え等をお取り下さい）。

●原稿には、必ず御連絡先・年齢・職業（具体的に）をお書き添え下さい。

〈送付先〉
〒101-8405
東京都千代田区神田三崎町2－18－11
マドンナ社
「素人投稿」編集部　宛

◉新人作品**大募集**◉

マドンナメイト編集部では、意欲あふれる新人作品を常時募集しております。採用された作品は、本人通知のうえ当文庫より出版されることになります。

【応募要項】未発表作品に限る。四〇〇字詰原稿用紙換算で三〇〇枚以上四〇〇枚以内。必ず梗概をお書き添えのうえ、名前・住所・電話番号を明記してお送り下さい。なお、採否にかかわらず原稿は返却いたしません。また、電話でのお問い合せはご遠慮下さい。

【送付先】〒一〇一‐八四〇五　東京都千代田区神田三崎町二‐一八‐一一　マドンナ社編集部　新人作品募集係

素人告白スペシャル《しろうとこくはくすぺしゃる》 熟女の絶頂個人レッスン《じゅくじょのぜっちょうこじんれっすん》

二〇二三年　十　月　十　日　初版発行

編者◉素人投稿編集部【しろうととうこうへんしゅうぶ】

発行◉マドンナ社

発売◉二見書房　東京都千代田区神田三崎町二‐一八‐一一

電話　〇三‐三五一五‐二三一一（代表）

郵便振替　〇〇一七〇‐四‐二六三九

印刷◉株式会社堀内印刷所　製本◉株式会社村上製本所　落丁・乱丁本はお取替えいたします。定価は、カバーに表示してあります。

ISBN978-4-576-23109-9 ◉ Printed in Japan ◉ ©マドンナ社

マドンナメイトが楽しめる！　マドンナ社　**電子出版**（インターネット）……https://madonna.futami.co.jp/

Madonna Mate